図解でよくわかる

Montessori method

子どもの本当の力を引き出す

# モンテッソーリ教育

Fujisaki Tatsuhiro
藤崎達宏

三笠書房

これだけは押さえておきたい

# モンテッソーリ教育

押さえておきたいキーワード

1

## 敏感期

子どもが何かに強く興味を持ち、同じことを繰り返す限定された時期。６歳までに色濃くあらわれる。この時期を「敏感期」といいます。

物事の場所、順番、やり方、数字や言語、これらに強い関心を持つこの時期、それはわが子の力を最大限に伸ばすベストタイミング！

モンテッソーリ教育の創始者であるマリア・モンテッソーリは「親や教師が子どもの敏感期を見逃すことは、終バスに乗り遅れるようなものだ」と言っています。

敏感期は始まりもあれば終わりもあります。この時期に適切なサポートをすることで、わが子は一生使える感覚とスキルを身につけることができるのです。

押さえておきたいキーワード 2

# 教具

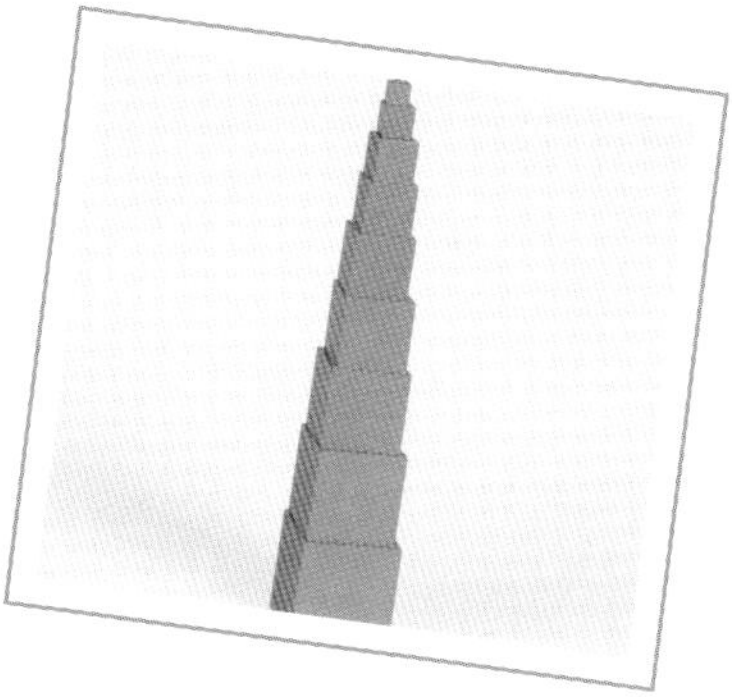

モンテッソーリ教育では、以下の５つを教育の目的としています。

- 日常生活の練習
- 感覚教育
- 言語教育
- 数教育
- 文化教育

子どもは“敏感期”に、自らこれらの力を存分に伸ばせる教具を選び、繰り返し行うことで、集中力を高めていきます。「できた！」という達成感によって、自己肯定感も育っていくのです。

大人が教えこむのではなく、子どもに適した環境を用意し、子どもの活動をサポートする、それがモンテッソーリ教育なのです。

押さえておきたいキーワード 3

# お仕事

モンテッソーリ教育を実践している園では、子どもの活動を「お仕事」といいます。

「お仕事」とは子どもが自分の力を伸ばすために行う活動のことです。モンテッソーリは、「大人の仕事が生産的労働であるならば、子どもの仕事は人間を形成すること」と言っています。様々な“お仕事”を通して、子どもは生きていく力を身につけるのです。

子どもが、何かに強く興味を持ち、同じことを繰り返す限定された時期。
モンテッソーリ教育ではそれを「敏感期」といいます。

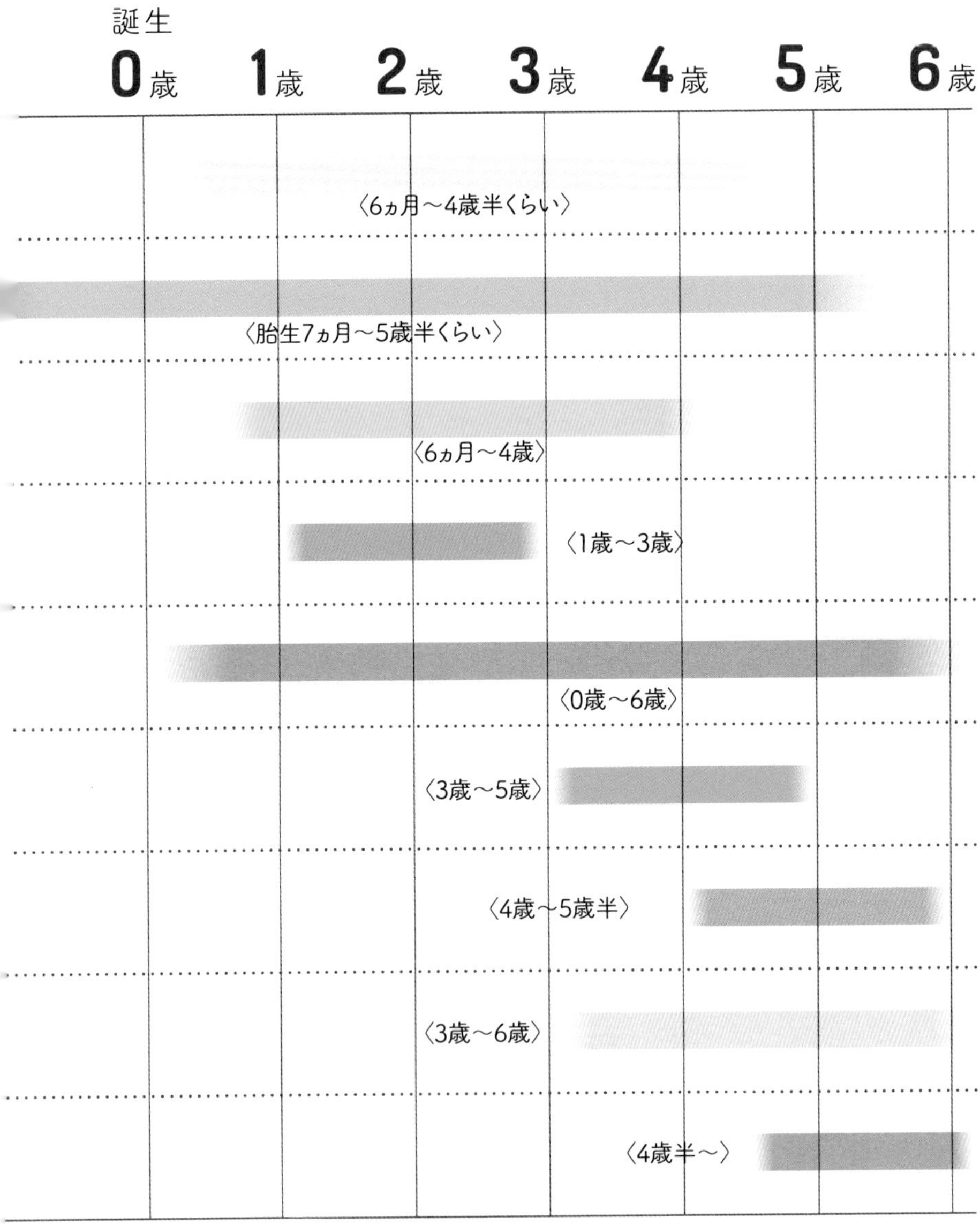

# 子どもの敏感期

| | | 胎内 |
|---|---|---|
| **運動**<br>生活に必要な運動能力を獲得する | 自分の意志で動かせる体を作る。歩くなど全身を使う運動から、手指を動かす微細な運動まで、思いどおりに動けたことに喜びを感じる時期 | |
| **言語**<br>母国語をどんどん吸収する | 胎内でお母さんの声を聞きながら育ち、3歳になるまでに母国語の基本をほぼ習得する。聞くこと・話すことが楽しくてしょうがない時期 | |
| **秩序**<br>順番、場所、習慣などに強くこだわる | 何もわからずに生まれてきた赤ちゃんは、世の中の仕組みを秩序づけて理解していきます。そのため、秩序が乱れると途端に不機嫌になることも | |
| **ちいさいもの**<br>ちいさいものをしっかり見たい | 赤ちゃんは、生まれてすぐから目の焦点を合わせる練習をします。小さい物に焦点が合わせられて、しっかり見えたときに喜びが生まれます | |
| **感覚**<br>五感が洗練される | 3歳前後から、それまでに吸収した膨大な情報を、五感を使って分類・整理し始めます。「はっきり・くっきり・すっきり」理解したい時期 | |
| **書くこと**<br>読むことより早くやってくる | 手先を動かしてみたいという運動の敏感期と重なり、目でしっかり見ながら書いてみたいという強い衝動に駆られる時期 | |
| **読むこと**<br>読むのが楽しくてしょうがない | 身近にある文字を読んでみたくてしょうがない時期。いろいろな字を壁に貼っておくと、自分から読み始めます | |
| **数**<br>何でも数えたい、少し遅めにやってくる | 数字を読みたくてしょうがない、数を数えたくてしょうがない時期。「こっちのほうが多い・少ない」など量にこだわるのもこの時期の特徴 | |
| **文化・礼儀**<br>文化をどんどん吸収する | 朝晩のあいさつや、季節や年中行事などにも興味を持ち始めます。大人の仕草を見て、真似てみたいのがこの時期 | |

はじめに

# 「子育ての予習」で親はゆったり、子どもはのびのび

変化の激しい時代、わが子には時代に負けない力をつけさせ、幸せな人生を歩んでほしい、これは子を持つ親であれば皆さん望んでいることです。

私はこれまで2000組以上のご家庭のお子さんとかかわってきた経験から、ご家庭でできるホームメイド・モンテッソーリを提唱し、ありがたいことに多くの方から支持をいただいております。

最近は、核家族化も進み、子育てについて相談することができず、ご自身の教育が正しいかどうかわからない、不安になるというお声もいただきますが、でも、ちょっと考えてみてください。

数百年前から、子どもの成長はほとんど変わっていません。ということは、何歳何カ月でわが子はこんなことに興味を示し、こんな行動をして、こんな成長を遂げるということは、すでにわかっていることなのです。であれば、それを「予習」しない手

はありませんよね。

そして、その子育ての予習にピッタリなのが「モンテッソーリ教育」です。子育ての予習といっても、決して「早期教育」ではありません。親が子どもの成長を「予習」することで、余裕を持って子どもの成長を見ることができるようになり、楽しみながらじっくりと、充実した子育てをすることができるようになります。

その子に適したタイミングで、その子に合った教育をする「適時教育」、それが「モンテッソーリ教育」なのです。

初めての子育ては、誰でもわからないことばかりです。「うちの子はいくら言っても、さわってはいけないものを引っ張り出していたずらばかり……。私はもう叱り疲れてしまいました」。親御さんからこんな相談をよく受けます。

でも、それって本当にいたずらなのでしょうか？　つい叱ってしまいそうになるかもしれませんが、ちょっとガマン！　お子さんの表情や目の動きに注目してみてください。きっと、ものすごく集中してそのことに取り組んでいるはずです。

「敏感期」については本文で詳しくご説明しますが、モンテッソーリ教育で子どもの成長について予習をした親御さんであれば「これが、例の敏感期なのか！」と、ピーンとくるはずです。しかし、敏感期を知らないと、この大切な敏感期の活動を単なる「いたずら」だと思い込み、叱ってしまいます。非常にもったいないことです。

今でこそ、このような活動をしている私ですが、最初から子育てのプロだったわけではありません。私ども夫婦は再婚同士。上の3人の子どもたちと私とは血がつながっていません。ほどなく私たち夫婦の子も生まれ、一度に4人の父親となった当時は、パニック状態でした。いい父親になりたいと頑張りすぎて、今でいうパタニティ・ブルー（パパの産後うつ）に陥ったほどです。

そんなときに出合ったのが、モンテッソーリ教育でした。モンテッソーリ教育を学び、「予習」をして以来、肩の力を抜いた、ゆったり子育てができるようになりました。

本書は『モンテッソーリ教育で子どもの本当の力を引き出す！』（三笠書房《知的生きかた文庫》）の内容を凝縮し、イラストや写真をふんだんに使用することで、モンテッソーリ教育を楽しく実践してもらうことを目指しました。教具の作成、実践については、モンテッソーリ教師の伊藤あづさ先生に多大な協力をいただきました。

子どもは素晴らしい才能を備えてこの世に生まれてきます。その才能を存分に引き出し、伸ばすよう、今日から一緒に、モンテッソーリ教育を始めましょう！

**藤崎　達宏**

# 目次

# 第3章 子どもの今がわかる「敏感期」

# 第4章 子どもは「正しい成長のサイクル」でグングン伸びる！

# 第5章 子どもが成人するまでの「親の予習」



編集協力 黒坂真由子
本文デザイン・DTP 土屋裕子（株式会社ウエイド）
本文イラスト 河合美波

# 第1章

# 世界で支持されている
# モンテッソーリ教育とは？

## 日本で、世界で活躍している人が受けてきたモンテッソーリ教育

モンテッソーリ教育が世の中に広く知られるきっかけとなったのが、将棋界を盛り上げている藤井聡太棋士の活躍です。

藤井棋士は、モンテッソーリ園で「ハートバッグ」（45ページ）という、紙を交互に組み合わせてバッグを作る「お仕事」にはまり、来る日も来る日も繰り返し作り続け、その数が100個を超えたというのは、有名な話です。

藤井棋士の将棋との出合いは、彼が5歳の夏に祖母が将棋盤と駒をどこからか出してきて、祖父とさすようになったことといいます。5歳というのはまさしく「敏感期」（2ページ）です。

母親の裕子さんは新聞の取材で、「好きなことを見つけて、集中してもらうために何ができるか、いつも考えていた」「何かにのめりこんでいるときは止めないようにしよう」と、夫婦で決めたと語っています。彼の現在の集中力は、ご家族のあたたか

い見守りの目があったからこそだと思います。

また、世界に目を向けると、次のような人々が名を連《つら》ねています。

### モンテッソーリ教育を受けた著名人

| | |
|---|---|
| グーグル創業者 | ラリー・ペイジ、<br>サーゲイ・ブリン |
| アマゾン創業者 | ジェフ・ベゾス |
| ウィキペディア創設者 | ジミー・ウェールズ |
| マイクロソフト創業者 | ビル・ゲイツ |
| フェイスブック創業者 | マーク・ザッカーバーグ |
| マネジメントの父 | ピーター・ドラッカー |
| 政界 | バラク・オバマ、<br>ヒラリー・クリントン |
| 王室 | イギリス王室のウィリアム王子、<br>ヘンリー王子、ウィリアム王子<br>の長男ジョージ王子 |

このように小さい頃から大きな数を扱うことが、GAFAM（Google, Amazon, Facebook, Apple, Microsoft）のような企業を生む秘訣ともされる

## モンテッソーリ教育ってどんな教育法？

モンテッソーリ教育の創始者であるマリア・モンテッソーリは、１８７０年イタリア生まれ。１９０７年に家具やトイレなど、すべてが子どもサイズの「子どもの家」を設立し、これがモンテッソーリ教育の始まりとなりました。１００年以上も前の教育法なのに、なぜ、今なお世界中の多くの人々から支持されているのでしょうか？

マリア・モンテッソーリはイタリア初の女性医師でした。この医師であるというところが、他の教育法との最大の違いです。モンテッソーリ教育は、医学、生物学、心理学といった幅広い学問の土台の上に成り立っています。

またモンテッソーリ教育では、大人が一方的に教えることはありません。大人の役割は、子どもに適した環境を用意し、サポートすること。モンテッソーリ教育では、環境を整えることで、子どもは自発的に伸び伸びと育っていきます。自分を自分で成長させる。これを「自己教育力」といいます。

一般的な〔教育〕

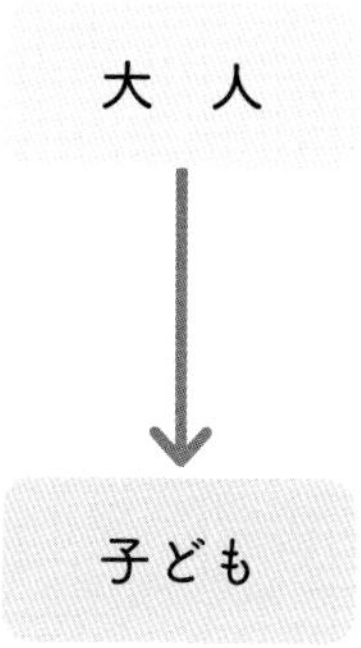


〔モンテッソーリの三角形〕

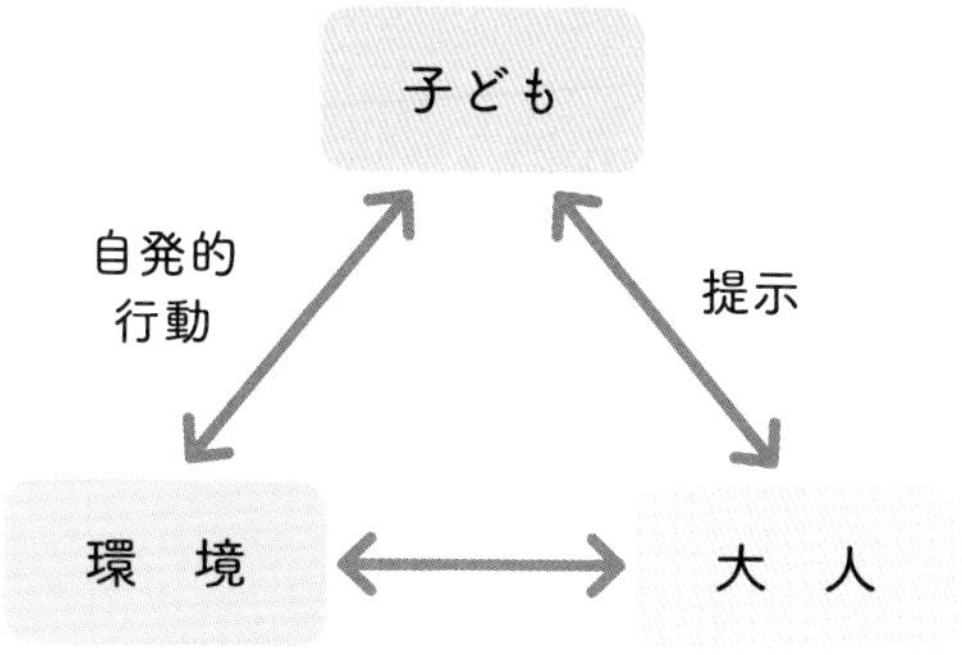


物的環境・人的環境

子どもと環境、そして大人が相互に
必要な関わりをする

## 教具とモンテッソーリ教育

モンテッソーリ教育といえば、カラフルな「教具」を思い浮かべる方が多いかもしれません。元々はイタールとセガンの２人が知的障害者の教育のために作った道具を、モンテッソーリが健常者にも活用したのが「モンテッソーリ教具」の始まりです。

初めて見た方は「おもちゃ」にしか見えないと思いますが、おもちゃと教具には明確な違いがあります。「おもちゃ」は自由気ままに扱えて、様々な使用目的を持っています。それに対して、「教具」は、子どもの成長ごとに分けられ、目的を一つに絞って作られているのです。

どうしたら、子どもが自分から手に取り、楽しく繰り返し、成長を実感できるような「教具」が作れるか、モンテッソーリは四六時中考えていたそうです。子どもの成長を援助するために、子どもをつぶさに観察し、試行錯誤の末に教具を生み出し、今日の形になりました。教具の条件を次ページの図でみてみましょう。

## 教具の条件

1. 子どもサイズであること。
2. 美しく魅力的で、興味をひくこと。
3. 単純で目的がよくわかること。
4. 難しいポイントは一つだけに絞られていること。
5. 次の成長のステップにつながっていること。
6. 子ども自身が自分で間違ったことに気づけるようになっていること。

本物の教具は機能的で、そのもの自体に魅力があります。

次のページに、モンテッソーリの教具の中でも特に人気のあるものをいくつかご紹介しました。

インテリアとして飾ってもおかしくないほど、自然の温もりが感じられる美しい教具です。

# インテリアのように美しい
# モンテッソーリ教具

## 色《いろ》 板《いた》

木材でできた様々な色の板。色の識別だけでなく、濃淡、グラデーションなどの感覚を身につけることができます。色の美しさを楽しみながら学べます。2歳から。

## 円柱さし

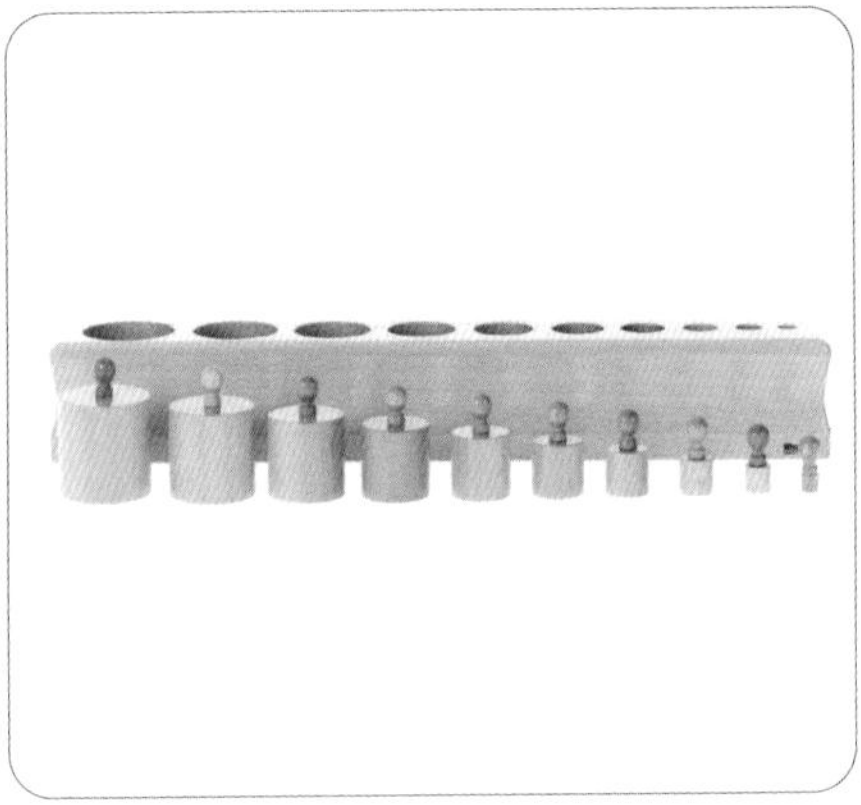

10個の穴に合う円柱を探して、はめていきます。大きさを見る力と3本の指でつまむ練習ができます。円柱の高さが変化するもの、太さが変化するもの、その両方など種類は様々です。3歳から。

## ピンクタワー

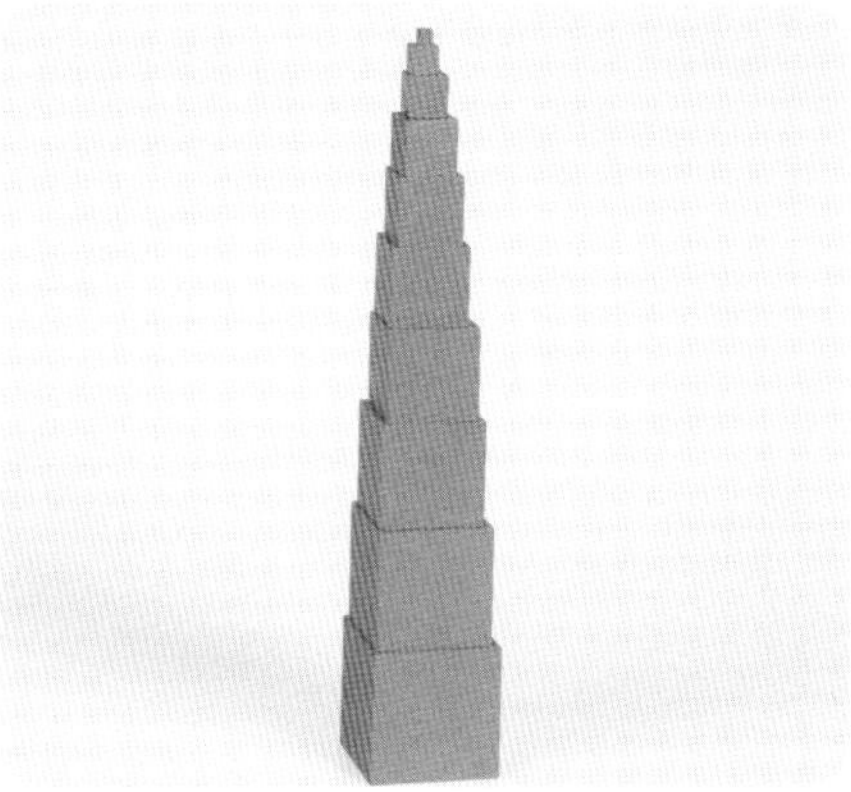

大きさがすべて違うピンク色の木製の立方体が10個あり、タワーのように積み上げていきます。大きさを見る感覚が育つだけでなく、指先を動かす練習にもなります。3歳から。

## 数のビーズ（十進法の導入）

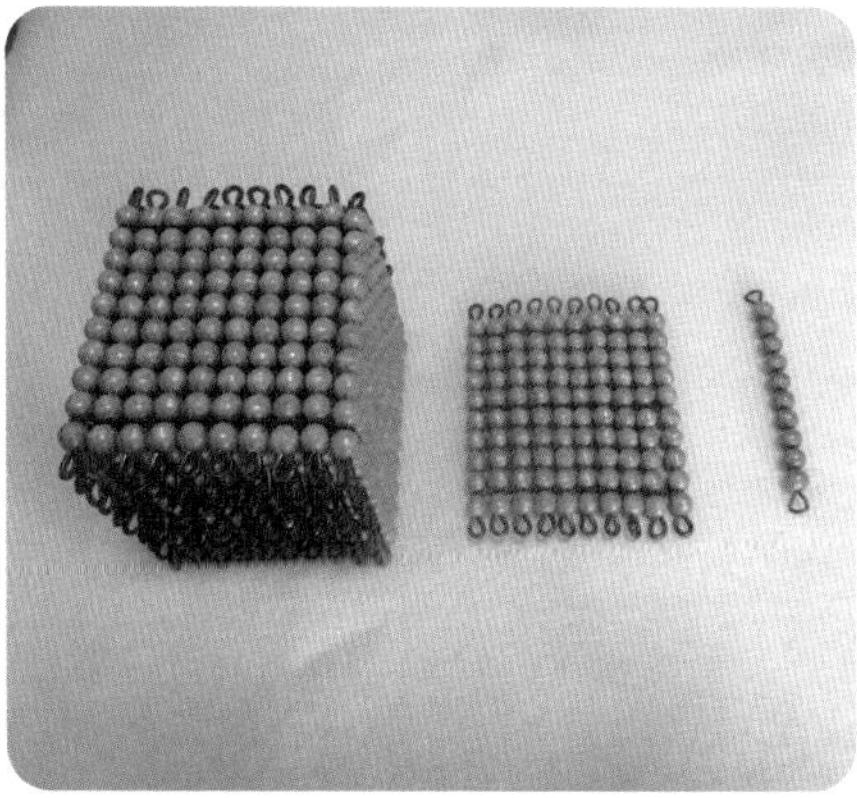

十進法が実際にさわってわかる教具。1、10、100、1000のセットになっています。10個のビーズを10セットまとめると100、それを10まとめると1000に。数の感覚が身につきます。4歳から。

COLUMN

## 教具を自分で作ってみよう！

本物の教具は美しいのですが、金額も高くなります。ご家庭ですべてを採り入れるのは難しいかもしれません。しかし、教具はその条件さえ理解していれば、ご家庭で簡単に作ることができます。お子さんの成長に合わせ、オリジナルの教具を作ってみるのもおすすめです。

私のサロンでは、100円ショップで買える材料で作った教具も多数そろえています。

### コイン落とし（1歳半～）

**必要なモノ　貯金箱、木製やプラスチック製のコイン**

子どもは「落とす」ことが大好き。ものがストンと消えてなくなることは、小さな子には大きな驚きなのです。

### ティッシュ出し（1歳～）

**必要なモノ　お尻拭きケース、使い捨てフキン20枚**

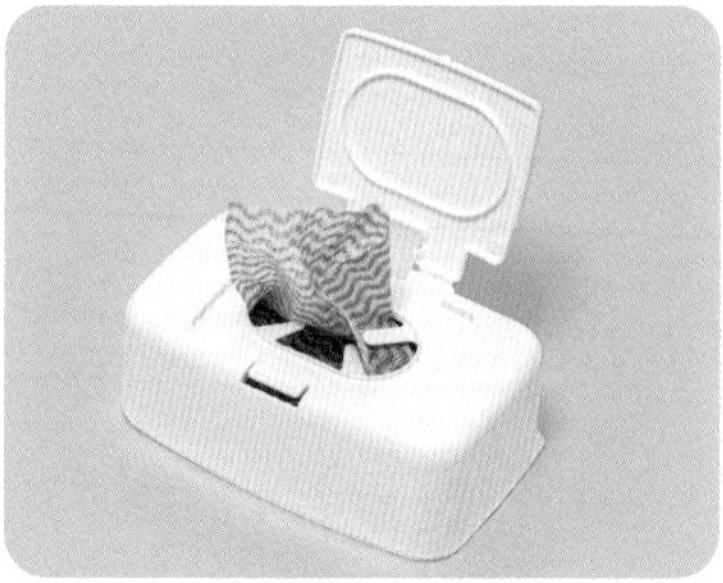

みんなが大好きなティッシュ出し。これを用意しておけば、箱からティッシュをすべて出されてしまった……という惨事も防げます。「つまむ・引き出す」を叶える教具です。使い捨てフキンは15cm角にカットし、互い違いに重ねて入れておきます。

# 第2章

## 知っておきたい！
## 子どもの発達の四段階

## 0～24歳まで！子どもの発達の四段階

「子育て」が長い船旅だとすれば、これから出航しようとする皆様に必要な地図、それがマリア・モンテッソーリが考え出した**「子どもの発達の四段階」**です。そして、これは、モンテッソーリ教育では重要な考えの一つでもあります。

モンテッソーリはこう言っています。**「子どもは年齢ごとに大きく変容している**のです。それは、あたかも、蝶が卵で生まれ、青虫になり、さなぎになり、そしてあの美しい蝶に羽化していくごとくです」と。モンテッソーリが提唱した「発達の四段階」を予習しておくと、子どもがなぜそのような行動を取るのかがわかり、子育てがとても楽になります。

年代別にお話していきましょう。モンテッソーリは、大人になる0歳から24歳までの24年間を、6年ごとの4つの期間に分けて、「発達の四段階」としました。

0～6歳の小学校に上がるまでを「乳幼児期」、6～12歳の小学校時代を「児童

## 発達の四段階

|  |  |  |
| --- | --- | --- |
| 前期 / 3歳 / 後期 | 乳幼児期 0〜6歳 幼稚園 | 大きく成長・変容する時期。ほとんどの敏感期が集中する。3歳で前期と後期に分けられる |
| | 児童期 6〜12歳 小学校 | 安定した時期。膨大な量の記憶が可能に。「友達が一番」に変化する時期 |
| | 思春期 12〜18歳 中学・高校 | 心身ともに大きく変容する不安定な時期。まわりから浮くことを恐れる |
| | 青年期 18〜24歳 大学 | 社会に対して、自分がどう貢献できるか考える。成長は安定している |

期」、12〜18歳の中学・高校時代を「思春期」、18〜24歳の大学時代を「青年期」と分けています。注目すべきはその期間の色です。オレンジ・青・オレンジ・青と交互になっています。

オレンジの時期は、変化がとても激しいので要注意！　青い時期は成長が安定しているので、親は少し力を抜いても大丈夫です。ですから、このオレンジの難所をどう乗り切るかが、子育てという航海のポイントになります。

### ◆ 0〜6歳の乳幼児期

**0〜6歳の間は、その後の長い人生を生きていくのに必要な、80％の能力が備わる、最も大切な時期**です。そのため、「発達の四段階」の中でも、変化が激しく大切な時期として、オレンジ色になっています。

### ◆ 6〜12歳の児童期

小学校に通う時期です。この時期は青色ですから、子どもの成長はなだらかで安定しています。親も少し気を抜けるかもしれません。そしてこの時期は、**莫大な記憶が**

**可能で、この時期に覚えたことは半永久的に忘れない**、またとない時。
より多くのことを経験させ、記憶のストックを増やしていくといいでしょう。

### ◆12～18歳の思春期

またオレンジ色に変わりました。心身ともに変化の激しい時期です。体の成長の目覚ましさとは裏腹に、その心は「脱皮したてのカニ」と称されるほど、危うい状態にあります。精神は自分自身を見つめ直す方向に向き、他人から自分がどう見られているのかとても気になります。まわりから浮くことをとても恐れるようになり、理想の自分と、現実の自分とのギャップにさいなまれる時期でもあります。

思春期はさなぎの時期なのかもしれません。親はそっと見守る必要があるのです。

### ◆18～24歳の青年期

思春期に立ちこめていた暗雲が嘘のように消えます。意識は外に向き、自分の将来や職業について、社会に対して自分はどのように貢献できるのかを考え、大人へと羽ばたいていきます。さなぎがようやく蝶に羽化する時期となります。

## 家庭ですぐにできる！　環境の整え方
## ～わが子の目線に注意する

モンテッソーリ教育は、大人が子どもに適した環境を用意し、サポートすることで、**子どもが自分の力で自分を育てる「自己教育力」による教育法**です。

大人にできることは、**親がかかわりにしてあげることではなく、子どもの成長のために「環境」を整えること**なのです。子どもは環境さえ整っていれば、自分の力でチャレンジし、成長していきます。大事なのはわが子の現在、そしてその次の成長段階に合わせて環境を整えてあげることです。

たとえばお子さんがハイハイができるようになったら、親御さんも一度ハイハイをして環境をチェックします。危険なもの、誤飲の心配があるものはないでしょうか？

次にハイハイを積極的にするよう、ハイハイをした子どもの目線の先に、目標となるおもちゃを配置します。このように「子どもの目線になってみる」と、お子さんの成長にぴったりの環境を整えることができます。

## 自立をうながす「0歳児の棚」

赤ちゃんは生まれた直後から、寝返りをうち、生後半年もするとズリバイ、ハイハイ、つかまり立ちをするまでになります。このときの助けになるのが「棚」です。

ズリバイのときは、棚の1段目に、赤ちゃんが思わず触りたくなるような教材を2～3個並べておきます。布のボールなど、コロコロ転がるものがおすすめです。ボールを追いかけるうちにハイハイが上手になります。

ハイハイができるようになったら、2段目に思わず手に取ってみたくなるような教具を2～3個並べておきます。すると2段目に手を伸ばし、それがやがて、つかまり立ちへとつながっていきます。

なぜ、2～3個なのでしょうか？

それは、赤ちゃんに自分で選択する力をつけてほしいからです。自立の第一歩は0歳からすでに始まっているのです。

さらに、赤ちゃんは目標を定めてハイハイしていくようになります。そして、つかまり立ちができたときに、体全体を使って喜びをあらわします。親も子も嬉しい瞬間です。

安心してつかまり立ちができる環境を準備してあげましょう。

立ち上がれた喜び！

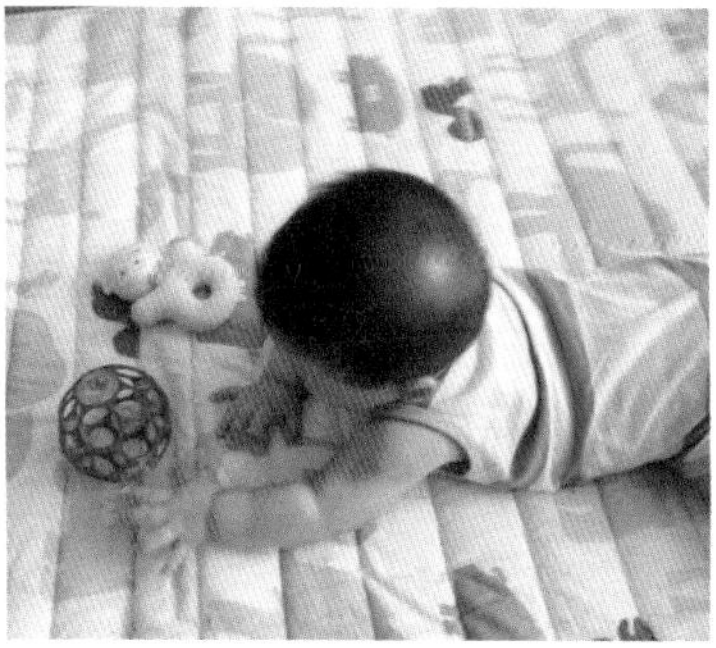
2つから選択する！

## 家庭ですぐにできる！　環境の整え方〜トレイの活用&片づけられる環境

モンテッソーリ園（モンテッソーリ教育を採用している幼稚園や保育園）では、自分で選んだお仕事の教具を、自分で自分の机まで運びます。そこで活躍するのがお盆やトレイです。歩くことができるようになった子どもは、ものを持って歩くことに集中するようになります。そのときにもこの「トレイ」が大活躍します。

モンテッソーリ園では、**自分でお仕事を選んで、心ゆくまで活動したら、元にあった場所に戻すまでがワンクール**です。どの子もみな上手にお片づけができます。それは「片づけたくなる環境」にあるからです。

私のサロンでは、カラーボックスの奥に教具の写真を貼っていますから、子どもが戻す場所に迷うことはありません。環境が整っていれば「いつもある場所にないと気持ち悪い」と感じるようになります。「秩序の敏感期（58ページ）」の子なら、なおさらです。

ご自宅でもぜひ、子どもサイズのマイ・トレイを準備してあげてください。お食事の配膳などを、嬉々としてしてくれるはずです。

子どもサイズのマイ・トレイ

ホームセンターのカラーボックスでOK。
棚の奥にしまうべき教具の写真を貼りましょう

# 成長に合った環境になっていますか？

2歳の子を持つ親御さんが相談にみえました。「うちの子、歩かないし、しゃべらないし、大丈夫でしょうか？」。確かに発達のすべてのプロセスにおいて、どうもゆっくりな感じがしました。そこで家庭訪問をしてみたところ、その理由はすぐにわかりました。

広いリビングに、チリ一つ落ちていません。そして家具類もほとんど何もないのです。つかまるものもないので、つかまり立ちもできない。そして、目線の先に子どもが興味を示すようなものがありません。

そこで、私は「おうちの中を改造しましょう」と提案しました。つかまって立ち上がるのにちょうどいい高さの棚を置き、立ち上がって手に取りやすい位置に、ぬいぐるみなど、いくつかものを置いてみたのです。すると、その子はすぐに立ち上がりました！

この子は、立ち上がりたくなる時期に、立つ意欲が持てない環境だったのです。

このように、気づかずに子どもの成長を遅らせるような環境を作っているケースは多々あります。

**わが子の“意欲”を満たせていますか？**

立ち上がって歩きたい！

↓

ここにつかまれば立てるゾ

↓

＼喜び／

**立てた!!**

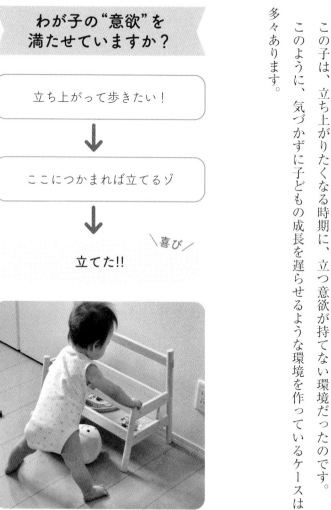

## 最も大切な環境は「大人」です

子どもは真似をする天才です。私たちの脳にはミラーニューロンという神経細胞がありますが、これは人の動きを鏡のように映し出す反応をします。他者の心を読みとったり、真似をしたり、コミュニケーションを支える役割をしているのです。このミラーニューロンの力が強く働くのは、6歳までの時期です。3歳前後の子どもが、まるで大人が使うような言葉を使って驚いたことはありませんか？　これも大人の真似によってですが、これには「無意識的記憶」（48ページ）が使われます。

無意識的記憶というのは、0～3歳ごろまでの記憶法で、努力することなく半永久的に記憶できる能力です。そしてこの無意識的記憶に、**善悪の判断が入る余地はありません**。幼いのですから、当然です。そのため、特にこの時期は、正しく美しい立ち居振る舞い、言葉遣い、あいさつなどを見せる大人がまわりにいることが大切です。子どもは大人の真似をし、それを子どもはそのまま身につけてしまうからです。

## 思春期の親は、「見守る環境」に

12歳から18歳の中学高校時代、思春期は変化のとても激しい時期です。

親をはじめとする権力への反抗にむかうエネルギーも強くなり、年齢を経るごとに親の影響力はだんだん弱くなっていきます。

それに取って代わるのが友人です。また、部活の先輩や自分を理解してくれる教師、塾の先生に心を開くようになるお子さんもいるでしょう。

この時期の子どもを取り巻く環境は重要ですから、たとえば中学受験をして、わが子に合いそうな学校を選択するのも、私は有効な環境選びだと思っています。

思春期は、小学校時代とは違って静かに見守ってあげることも大切です。たとえわが子が集団から浮いてしまったり、まわりとうまくやれなかったとしても、「みんなと違ってもいいんだよ」と声をかけられる親であれば、お子さんの心の支えになれるはずです。思春期の親は、「静かに見守る環境」であることを覚えておいてください。

# 第3章

# 子どもの今がわかる「敏感期」

## 乳幼児期前期
## ――子どもの才能を開花させる「敏感期」

巻頭で少しふれましたが、モンテッソーリ教育の子育ての予習をしていく上で重要なキーワードに「敏感期」があります。**「敏感期」**とは、次のような時期をさします。

- **子どもが、何かに強く興味を持ち**
- **集中して同じことを繰り返す**
- **ある限定された時期**

敏感期を発見したのは、ド・フリースという生物学者です。ある蛾の青虫は、卵から生まれたばかりのときはアゴが発達していないため、柔らかい葉しか食べられません。その時の青虫には「光に敏感」という本能が備わっています。そのため光があるほう、太陽光の強い木の上を目指してのぼって行きます。するとそこには、新しく芽生えた柔らかい葉がたくさんあるわけです。ところが、大きくなり、硬い葉も食べられるようになる頃には、光に対する敏感さはなくなっています。

こうした自然界における敏感期の発見を、人間に当てはめたのがモンテッソーリの功績なのです。

## なぜ子どもは、ティッシュを引っ張り出すのか？

今、このときにも、世界中の1歳から3歳の子どもたちが、箱からティッシュを引っ張り続けています。国や文化の垣根を超えて行われるこの「いたずら」。そこにどのような理由があるのでしょうか？

1歳から3歳の子どもは、手根骨《しゅこんこつ》の発達にともない手の骨格ができ上がり、3本の指がうまく使えるようになります。このできたての手を使ってみたい、うまく使えるように練習したいという強烈な衝動に駆られるのが、「**運動の敏感期**」です。

目と手が一緒に動くことを通して、脳細胞が急激に活性化し、シナプス（神経細胞へ信号を伝える接合部）が急増する、とても大切な時期でもあります。

そのため、単なるいたずらとしてティッシュの箱を取り上げてしまうのと、行動の背景と重要性を理解し、心ゆくまで引っ張り出させてあげるのとでは、180度違った結果が生まれます。エレベーターのボタンを全部押してしまったり、オーディオの音量調整のつまみをひねって最大音量にしたりするのも、同じです。運動の敏感期にあるこの時期の子どもたちは、ボタンというボタンはみんな押したい、つまみというつまみは全部ひねりたいという強い衝動に駆られているのです。

問題は、それらの行動が親にとって、「いたずらに見えてしまう」ことです。

わが子の本当の力を引き出せるかどうかは、親が子どもの成長を予習し、「ある敏感期がくると、ある行動を取る」ということを、知っているかどうかにかかってきます。子どもによって若干の差はありますが、何歳何カ月でわが子が、どのような敏感期に突入し、どのような行動を取るのか。そして、そのときにどのような環境を用意すればいいのか。それをあらかじめ教えてくれるのがモンテッソーリ教育なのです。

モンテッソーリ教育が子育ての予習にピッタリだという理由が、おわかりいただけたと思います。この「敏感期」を見逃さないために、覚えておきたい「**3つのサイン**」を次にご紹介します。

## さまざまな敏感期

秩序の敏感期

運動の敏感期

同じ、比べたい敏感期

言語の敏感期

数の敏感期

ちいさいものへの
敏感期

# 見逃すともったいない！ 敏感期のサイン❶ 静けさ

なぜ子どもはいたずらをしているときに限って、静かなのでしょうか？

それは、そのことに「**集中しているから**」です。子どもは、今の自分の成長に必要な活動（モンテッソーリ教育では「お仕事」といいます）を見つけると、深く集中します。このような活動を、私たちは「**神様からの宿題**」と呼んでいます。

モンテッソーリ園に見学に来た方々が一番驚くのは、その静けさです。遊びたいさかりの子どもが数十人集まっているのに、大きな声で話す子どもがまったくいない。水を打ったような静けさの中で、それぞれ違うお仕事に没頭している姿に圧倒されます。もちろん、先生に叱られるから静かにしているわけではありません。お子さんが集中して、静かに活動していたら、それが敏感期のサイン。親御さんは声をかけることなくそっと見守ってあげてください。

つまんだり、ねじったり、引っ張ったりは、大切な子どもの活動

静けさは集中のサイン!

## 見逃すともったいない！敏感期のサイン❷繰り返し

2つめの敏感期のサインは「繰り返し」です。子どもは自分の成長にぴったりのお仕事に出合うと、必ず何回も繰り返します。たとえば、一生懸命取り組み、組み上がったパズルを、また、ひっくり返して初めから……。よく見る光景ですよね。大人からすればせっかくでき上がったのに、「なぜまた壊しちゃうの？」と感じると思います。大人にとってパズルは最後までできき上がったという達成感を味わうものです。

しかし、子どもにとってはそのプロセスの中で、自分の手が正確に動く、ピースをピッタリはめられた、といった自分の成長を感じることが喜びなのです。ですから、でき上がった喜びよりも、その成長を確認し、もっと正確にできるように、また同じことを繰り返すのです。

わが子が一つの活動を繰り返し始めたら、敏感期に突入し、子どもの持つ本当の力が伸びている瞬間だと気づいてあげてください。

## 子どもは繰り返すことで、自分の成長を感じている！

自分の手を自由に
動かせて嬉しい！

↓

もっとやりたい！
もっと上手にやりたい！

↓

繰り返し行う

藤井棋士が毎日毎日作っていたハートバッグ。
100個以上も作ったというのは有名な話です

動画でよくわかる
４本で編む
ハートバック

## 見逃すともったいない！　敏感期のサイン❸喜び

なぜ、子どもはあんなに嬉しそうに、ソファーの上で飛び跳ねたり、塀の上や線の上でバランスをとりながら歩いたりするのでしょうか？　それは、その子が「運動の敏感期」にあるからです。「今、あなたは、バランスをとる能力を高めなさい！」という「神様からの宿題」をしているのです。

神様からの宿題がうまくできると、脳の中枢神経に「ドーパミン」が流れ、子どもはえもいわれぬ喜びを感じます。そして、その快感から、もっと上手にできるようになるために同じことを繰り返します。私たち大人は、意味もなく塀の上を歩いたりはしませんが、敏感期の子どもには、それをしなければならない理由があるのです。

そして**敏感期には始まりもあれば終わりがあります**から、このような行動がいつまでも続くわけではありません。子どもが喜びを感じている間は、心ゆくまでさせてあげるのが、子どもの力を最大限引き出し、育てることになるのです。

## 敏感期の極み、「集中現象」とは？

子どもは本当に自分の成長に必要なお仕事に出合ったときに「集中現象」という姿を見せます。ピンセットを持った女の子のお仕事は、黒豆をつまみ、隣のお皿にうつすという単純作業。

女の子はこのとき、ひと言もしゃべらず、お弁当の時間になったことにも気づかずに、お仕事を続けました。その時間はなんと、44分！ やり終えたときのさわやかな笑顔を、私は今でも忘れません。

大人も敵わないほどの集中力！

「線上歩行」。線の上を歩き、自分の動きを律する子は、とっても静か

## 3歳前後で変わる記憶のメカニズム

「神様は0〜3歳、3〜6歳の子どもの間に、赤い線を引いたがごとくお分けになった」とモンテッソーリは言っています。25ページの「発達の四段階」を見てください。第一段階である乳幼児期の真ん中に線が引いてありますよね？　これは、3歳を境に子どもの成長が大きく変わることを意味しています。0〜3歳と3〜6歳の子どもの大きな違いの一つが、記憶の仕方です。

◆**0〜3歳「無意識的記憶」**　覚える努力や意思の力なしにすべてを素早くとらえ、永久的なものとして記憶する

◆**3歳〜「意識的記憶」**　一つひとつを意識的に記憶。大人と同じ記憶の方法

たとえば今、人が大勢いる公園のベンチに座っているとして、「これから10分で、

この公園にいる人をすべて記憶してください」と言われたとしましょう。

すると私たち大人は大変です。「あの人は赤い服を着ている。こっちの人は珍しいメガネをかけている」などと、一つひとつ意識的に記憶しなければなりません。

一方、0〜3歳の子どもの記憶の仕方はそれとはまったく違います。**まるで公園全体を写真に撮って画像保存したかのように、全体を瞬時にドンドン記憶していきます。**

この期間限定の素晴らしい力が、「**無意識的記憶**」です。よく大人が、幼い子どもとトランプの神経衰弱をしてぼろ負けすることがあります。それは彼らはまだ、無意識的記憶を活用しているからです。私たちは意識的に前にめくったカードの位置を覚えておかなければなりませんが、彼らはまるでカメラで撮ったかのように記憶していきます。よって、いとも簡単にカードをそろえてとっていくのです。

## 言語を覚えることができるのも、無意識的記憶のおかげ

実は、この無意識的記憶があるからこそ、私たちは今、生活ができているのです。

無意識的記憶が働くのは、視覚情報に対してだけではありません。たとえば言語。

日本に住む私たちは、世界で一番難しいといわれている日本語を、0～3歳のときに無意識に覚え、どんどん脳に記憶させていました。大人となった私たちに、「日本語を必死に学んだ」という覚えがないのは、無意識的記憶が働いていたからです。

この時期には、子どもに様々なもの、できれば本物を見せたり、聴かせたりすることがおすすめです。子どもはそれだけで、無意識のうちにどんどんそれらのことを吸収していきます。「三つ子の魂、百まで」とはよくいったもので、この頃に吸収した情報は、後々までその人の中に残り続けます。

この2つの記憶は、3歳の誕生日を境に、突然入れ替わるわけではありません。図のように、だんだんと割合が変わっていきます。3歳でちょうど半々くらいでしょうか。

3歳頃の、まだ意識的記憶が十分に働いていないお子さんは、コンピューターでいえば、一時的に記憶に留めておくメモリー機能が、しっかりと自分のものになっていない状態にあります。ですから、何か複数のことを伝える際には、親御さんが一緒に声に出して確認するとよいでしょう。お子さんもきっと、一生懸命声に出して覚えようとするはずです。記憶は3歳前後で変化していくことを親が知っておけば、楽しみながら、わが子のメモリー機能を高めることができるようになります。

## 3歳時に起こる、記憶の変化

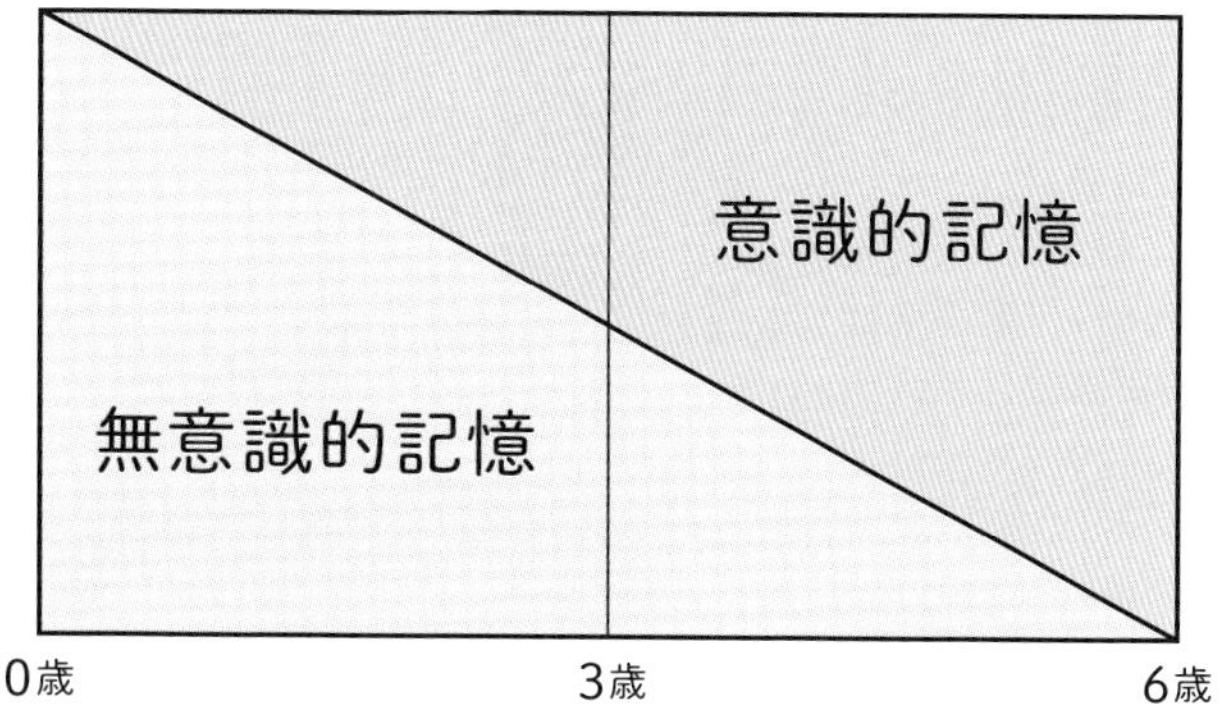


無意識記憶と意識的記憶はだんだん割合が変わっていく。無意識的記憶が働いている間にどんどん記憶のメモリーを増やしていってあげましょう

## 赤ちゃんの頃からの話しかけでわが子の語彙力が爆発的にアップする！

ご両親の母国語が日本人であれば日本語を、ママかパパの母国語が英語であれば英語を、というように、私たちは置かれた環境によって必要とする言語を自然に習得しています。これを可能にしているのが、0～3歳の無意識的記憶です。

「言語の敏感期」は、お母さんのお腹の中にいるときから始まり、6歳くらいまで続きます。

0歳のお子さんに、「どうせまだ何もわからないのだから、話しかけてもしようがない」と、話しかけない親御さんがいます。しかし、すでに言語の敏感期にある赤ちゃんは、膨大な量の言語情報を吸収しているのです。

「この時期は、無意識的記憶で何でも吸収できるのだから、どんどん語りかけよう」とたくさん話しかけてもらえた赤ちゃんは、十分な語彙力をもって、話し始めることができます。ぜひともきれいな言葉のシャワーをたくさんお子さんにあびせてください。

## 赤ちゃんに話しかけるときの3つのポイント

せっかく話しかけるのなら、赤ちゃんに伝わりやすい方法で話しかけましょう。

**①口元をよく見せる**　赤ちゃんは、口から声が発せられることが不思議でなりません。口元を大きく動かして、よく見せてあげましょう。

**②ゆっくり話す**　赤ちゃんのペースは大人よりずっとのんびり。ゆっくり、そしてはっきりと発語しましょう。

**③普段よりも高めの声**で　聞く力をつけるためには、高めの声がおすすめ。声の低いパパは、意識して高めの声を出しましょう。

この時期の子どもは、「いす」が「いしゅ」になるなど、うまく発語できないことがあります。その場合は訂正するのではなく、「そうだね。『いす』だね！」と、口元をしっかりと見せて発語してあげましょう。

## 言語の定着に有効な三段階練習

言語を定着させるには、たとえば、「りんご」「ぶどう」と一つずつ、実物を見せながら、語りかけます。

このように、実物と一緒に物の名前を伝えることで、見たものとその名前が、子どもの頭にどんどん入っていきます。これはいずれ、子どもの中で、物と名前が一致する時期を迎えるための準備段階といえます。

ここで大人がやってしまいがちなのが、すぐにアウトプットを求めることです。ついつい、「これなーに？」などと聞いて、**覚えたかどうかを試してしまう**のです。

左図にあるように、一番上の小さい三角の部分が、私ども大人が「話せる」とする部分。つまり、物と名前が一致していて、かつ発語できる「第三段階」です。

しかし子どもにとって、トップの部分はほんのわずかです。一番下にある第一段階、「見たことがある、でも名前は知らない」が一番大きく、次に大きいのが第二段

## 言語の三段階

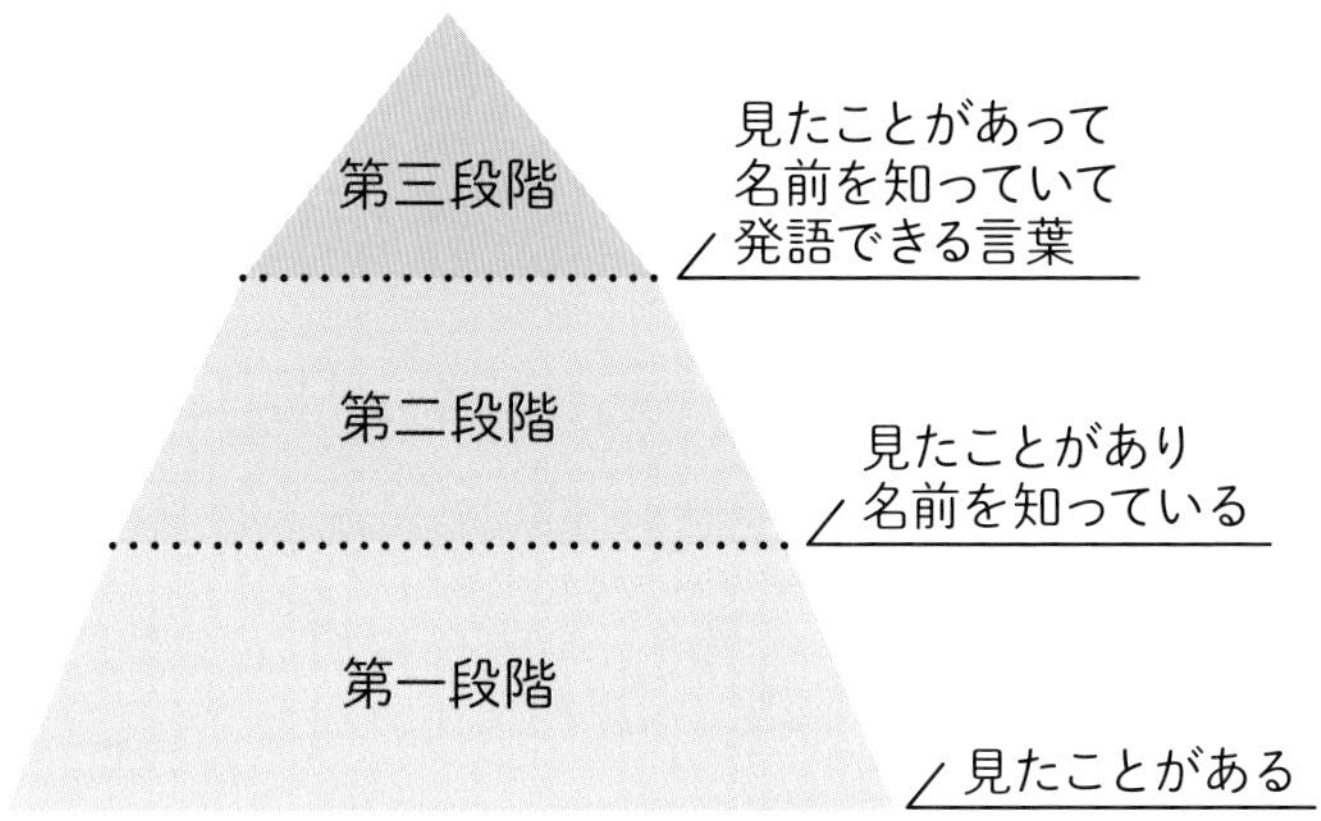


階の「見たことがある。そして名前も知っている。でも発語できない」の部分です。ここは、大人が気づきにくいところです。

お子さんに言語を定着させたいならば、この第二段階のときに、**「○○はどーれ？」**です。「りんごはどーれ？」と聞きます。そうすれば、子どもはすかさずりんごを指差します。

発語できなくても、りんごだとわかっているからです。**「○○をちょうだい」**もいいですね。このやりとりが、子どものプライドを傷つけず、言語能力を高める方法です。

焦らずゆっくりとこういったやりとりをしてから、「これなーに？」と、段階を踏んで聞くようにしましょう。

# 英語学習はいつから始める？

これからの国際化時代、母国語だけでなく、英語も重要です。では、英語はどうすれば話せるようになるのでしょうか？　これも最近、特に増えてきたご質問です。

これは「言語の敏感期」と「聴覚の敏感期」が関わってきます。どちらも6歳くらいには消えてしまうのですが、**英語をマスターさせたいのなら、しっかりとした母国語の土台も必要です。日本語と並行して、ネイティブの英語をたくさん聞かせることが有効**となります。

日本語と英語を並行して頭に入れる場合、気をつけることがあります。

**しっかりとした母国語の土台がないと、いわゆる「チャンポン」になるので、日本語の習得が30％程度遅くなる**、という弊害もあるということです。

また、この時期は子どもにとっては母国語を話したい敏感期。日本語をしゃべりたくて、しゃべりたくて、たまらない時期なのです。決して「絶対にバイリンガルにする！」と欲張って詰めこもうとするのではなく、3歳くらいまでは英語の音楽を楽しみながら聞くことに徹するのがおすすめです。

もし、英語だけの幼稚園や保育園に通わせるのであれば、英語は幼稚園や保育園に任せ、家ではたくさんの日本語を読み聞かせ、語りかけるようにしましょう。

「英語を教える情熱の1・5倍で、日本語も語りかける」、こうすることで、両方の言語をマスターしていけるのが、この時期の子どもの素晴らしい能力なのです。

## 英語マスターのポイント

★しっかりとした日本語の土台があってこそ、他言語をマスターできる！

★英語だけではなく、日本語も同時並行で聞かせる

★英語を教える情熱の1.5倍で、日本語も語りかける

★英語の音楽をかけるなど、楽しみながら♪

0～4歳

# 一番わかりづらい秩序の敏感期❶「順序」のこだわり

親を一番悩ませるのが、6カ月～4歳までにあらわれる「秩序の敏感期」です。

子どもは、何もわからずこの世に生まれてきます。そのため、世の中の仕組み、場所、順番などを「秩序づけて」理解していきます。**「いつもの順序」「いつものやり方」「いつもの場所」などに強くこだわる理由がそこにあります。**

秩序の敏感期のピークは、2歳半～3歳くらい。イヤイヤ期とも重なるため、親にとってはなかなか厄介な現象となります。

秩序の敏感期でぜひ知っておいていただきたい予習キーワードは「①順序」「②習慣」「③場所」の3つです。まず「順序のこだわり」から見ていきましょう。

## いつもの順序を守ろう

たとえば、毎日の着替えなどの順番に、強いこだわりを見せる子どもは多くいます。最初は靴下から。それも右の足から。左から履かせようとすると、もう不機嫌です。運動の敏感期も到来していますので、「自分でやりたい」という強いこだわりも加わり、よけい厄介になってきます。

「どっちでも、いいじゃない」。これが大人の言い分です。「いや、自分なりの順序があるんだ！　どっちでもよくないんだ」が、この時期の子どもの言い分です。

ですから、大人側の理由で、急ぎたいときには、**「ママがお手伝いしてもいい？」と、ひと言加えてからにしましょう**。この順番に対する強いこだわりは、将来、「見通しを立てて順番を決め、段取りを取る」という力につながっていきます。

お子さんが、イヤイヤを示したら、次のようなことがないかチェックしましょう。

□ママ（パパ）でやり方が違う？
□急《せ》かされて、順序通りできない？
□何かが足りなくて、順序どおりにできない？
□右と左の順番がちがっている？

## 一番わかりづらい秩序の敏感期❷「習慣」へのこだわり

緑道の右側を歩き、壁の穴から庭に居る犬を覗《のぞ》いて、次は橋の上から魚を眺めるのがいつものお散歩ルート。今日は急いでいるので近道をしようとしたら、わが子は大泣き！　いつも見ているのだから、今日くらいいいじゃないと親は考えますが、「いつもと同じだから、絶対見たい」のが子どもです。これは**習慣へのこだわり**です。

自分が身につけた習慣を通して社会を理解する、秩序の敏感期にある子どもにとっては、**「いつもと同じ」がとても心地よい**のです。

親としてできることは、わが子が何を習慣にしているのか、よく見ておくことです。そして、それをできる限り尊重すること！　予定変更は要注意です。

また、いつもできないことは、習慣化しないように配慮することも必要かもしれません。大人の都合で、「今日だけは特別ね！」などの例外は、子どもを混乱させるだけ。パパとママでは違うということのないよう一貫性を持たせることも大切です。

## 子どもの習慣を守るために

❶ どんな習慣があるか、普段から子どもを観察する

❷ 担当を交代するときには、できる限り習慣を伝えておく

❸ いつものことができないときには、前もって子どもにことわる

❹ 急な予定変更は要注意

❺「今日だけ特別」は、混乱を招く

## 一番わかりづらい秩序の敏感期❸「場所」へのこだわり

「いつもと同じが心地よい」は、順序や習慣だけでなく、「場所」に対する強いこだわりとしてあらわれます。私のサロンでも、そこにあるべき教具が別の場所にあったり、新しい教具が加わっていると、すぐに気づくのは子どもたちです。

秩序の敏感期にある子どもは、前日に右にあったものが、左にあるだけで不機嫌になってしまうこともあります。家庭の食卓でも、ここはパパの席、ここはママの席、とこだわっているので、たまたま違う席に座ったり、お客様がその席に座ろうものなら大騒ぎです。そのようなときには、「ここは○○ちゃんの席だけど、今日はお客様にどうぞしていい？」とひと言添えてみましょう。

注意していただきたいのは、子どもは大人の数十倍、場所などの秩序に敏感だということ。ですから、**引っ越しや、大規模な部屋の模様替えには要注意**です。心が不安定になる可能性がある、ということも覚えておいてください。

**こんな様子が、場所へのこだわりのサイン**

□同じ場所に同じ物がないといやがる
□「○○の席」「○○の場所」にこだわる
□「自分の陣地」にこだわる
□かくれんぼで、いつも同じ場所にかくれる
□部屋の模様替えは要注意

いつも同じ
場所にかくれて
おもしろいのかなあ
みーつけた!
わっ

## 3つの大泣きの理由

初めての子育ては、わからないことばかり。子どもが大泣きして手がつけられない！ なんてこともよくあります。そのようなときに、この3つを予習しておくと、本当に助かります。泣く原因がわからないときは、次の3つを疑ってみてください。

**❶「自分でやりたかった」大泣き**
**❷秩序が乱れた大泣き**
**❸イヤイヤ期からくる大泣き**

### ❶「自分でやりたかった」大泣き

子どもが大泣きするとき、まず疑ってほしい原因は、**「自分でやりたかった」**です。

運動の敏感期にある子どもは、自分が生活していくために必要な動きを身につけ、その動きを洗練させる、いわゆる「神様からの宿題」をしている最中。それを、どのような理由であれ大人の都合で、中断させたり、取り上げたりしたらどうでしょうか？

強烈な反抗をして当然ですよね！

先日も、駅の階段を一生懸命のぼっている幼児がいたのですが、きっと、急いでいたのでしょう。ママはいきなりその子をガバッと抱きあげ、「行くわよ」と言って、早足でのぼり出したのです。

当然、その子は落ちそうになるくらいえび反って、大声で泣き始めました。ママも忙しいのはわかりますが、「抱っこしてもいい？」というひと言があってもよかったかと思います。

## ❷ 秩序が乱れた大泣き

世の中のことを何も知らずに、この世に生まれた子どもは、世の中の仕組みをどんどん秩序づけて吸収していきます。そのときは、私ども大人が失ってしまった、無意識的記憶という能力を使います。画像のように吸収してしまうので、場所や順番が変わってしまうととても混乱し、たちまち不愉快になってしまうのです。

この秩序の乱れによる大泣きが、一番難解といえるでしょう。ただ、「強いこだわり」を持つ子どもには、予習キーワードとしてご紹介した**「順序」「習慣」「場所」へのこだわり**があることを知っておくことで、親はイライラすることなく、子も伸び伸びと育っていきます。

## ③ イヤイヤ期からくる大泣き

何をやっても「イヤイヤ」。口で表現できなければ物を投げる、叩くといった、いわゆる第一次反抗期。早い子では2歳前後から始まります。これを単なる「わがまま」と決めつけ、叱りつけていいのでしょうか？

この時期は口がきけるようになり、**自分の言い分がどこまで通用するか試している時期**です。そう割り切って、「あなたの言い分はここまではOKだけど、ここから先は通らないよ！」と毅然《きぜん》とした態度で伝えましょう。子どもはそれを通して、社会のルールを秩序づけ、覚えていくのです。

「イヤイヤ期」にも、必ず終わりがあります。そう知るだけで、親御さんのイライラ度も全然違うはずです。

COLUMN

## 受け身の子どもが育つ危険

わが子が大泣き……おうちでならまだしも、お出かけのときなど、まわりの目もあるし、なんとか泣き止ませたいと思いますよね？

しかし、ここでちょっと恐ろしいことを申し上げます。

最初は、大泣きして反抗していた子どもでも、親に物を取り上げられたり、集中を中断されたりすることが繰り返されると、最終的には反抗しない子どもになります。いわゆる「**受け身の子ども**」の完成です。

自分で選べない、集中できない、繰り返さない、取り上げられても反抗しない。こうなってしまったら問題は深刻です。

そうした「受け身の子ども」は、**大人側から見ると、たいへん都合のよい、「いい子」に見えてしまうことが危険**なのです。

お受験と称される、幼稚園、小学校受験の準備にはメリットもたくさんありますので否定はいたしません。

しかし、お稽古事を含め、あまりにタイトなスケジュールで、やらされ感満載の毎日を送らせることで、受け身の子どもを作り上げないよう注意しなくてはいけません。

そのためにも、私ども親は、子どもの本来の成長に対する正しい知識を予習しておく必要があるのです。

## 1〜3歳

# 「ちいさいものへの敏感期」——微細なものに注視する

1歳過ぎから3歳前くらいまでの短い期間、子どもは小さなものを見ることやつまむことに興味を示します。それが「ちいさいものへの敏感期」です。

アリの行列をみつけると、しゃがみこんでその場から離れない子をよく見かけます。また、ダンゴムシを持ってきて、見せにくる子もいます。「こんなものを持ってきて気持ち悪い！」なんて、虫嫌いのママであれば叱りつけてしまうかもしれません。

この時期の子どもは、ちいさなものを見てみたい、微細なものに焦点を合わせてみたいという強い衝動に駆られています。

アリやダンゴムシといった、ちいさくて、細かく動くものに焦点を合わせて、くっきり見ることができたときに、子どもの頭には快感ややる気を起こすドーパミンが溢れます。加えて、運動の敏感期にもある子どもたちは、ちいさなものを3本の指でつまめたことに喜びと自信を持ち、嬉しくて仕方ないのです。

子どもが何に興味を持っているのかを知り、それができたら「よく見えたね」「うまくつまめたね」とほめる、これによって子どもの力は伸びていきます。

### 生まれてすぐの視力トレーニング「ムナリ・モビール」

ママのお腹の中は真っ暗。そのため、胎児は「見る」練習ができません。生まれたばかりの赤ちゃんの視力は、30センチくらい先の授乳をするママの顔がうっすらと見える程度です。ですから赤ちゃんは一生懸命「見る」練習をします。最初、白と黒しか認識できない赤ちゃんが、焦点を合わせる練習にピッタリなのが「ムナリ・モビール」です。

動画でよくわかる
ムナリ・モビール

# 3〜6歳 知性の芽生え！「感覚の敏感期」

0〜3歳の乳幼児前期には、見たもの、触れたもの、聞いたもの、味わったもの、嗅いだものなど、すべての情報を無意識的記憶という素晴らしい能力を使って、吸収してきました。それは、いろいろな情報が、大きなバケツの中に無造作に放りこまれたような状態といえます。

3歳になると、私たち大人と同じ意識的記憶を使いながら、その莫大な情報を整理したいという強い衝動に駆られるようになります。そのときのキーワードは、**「はっきり、くっきり、すっきり理解したい」**です。それを後押しするのが**「感覚の敏感期」**です。感覚の敏感期は3歳前後から色濃くあらわれます。この時期の子どもを観察すると、人間というのはこうして成長していくのだな、と感動します。

ちなみに、私はこの時期の子どもを見るのが、一番好きです。感覚の敏感期は、次ページの図のように、「同一性」「比較」「分類」の三段階に分かれています。

同一性
おんなじ！
比　較
こっちが高い！
分　類
細いどんぐり、丸いどんぐり、帽子のどんぐり…

## ◆第一段階「同一性」

3歳前後の子どもが「同一性」にこだわり始めたら、それが「感覚の敏感期」の始まりです。

子どもはしつこいくらいに**「おんなじだね～」**と言ってくるので、親は応えるのが面倒くさくなってしまうかもしれませんが、子どもの知識を高める最大のチャンスです。

「そ～だね、おんなじ黄色だね」「この花はひまわりっていうんだよ」と、周辺知識も含めてどんどん語りかけてください。子どもの語彙を増やすことにつながります。

「静かだな」と思って見てみると、同じ大きさや色のミニカーをきれいに並べてウットリしている。これも「おんなじ～」、つまり同一性に目覚めたサインです。

## ◆第二段階「比較」

次に、比較が始まります。高さ、大きさ、重さ、音程などを比較してその差にこだわるようになります。積み木や人形を、高さの順にきれいに並べてみたり、それぞれの手にものを持って、どちらが重いか比べたり。

おんなじ～！が大好き！

だんだん高くなる～！

きっちり、分けたい！

このときには、その比較した差を言葉で表現することがポイントです。「だんだん高くなるね」、「こっちのほうが重いね」など、比較の表現も一緒に身につけていきましょう。

微妙な差異に気づけ、それを言葉で表現できることは人生の豊かさにつながります。

## ◆第三段階「分類」

比較ができて、その差に気づけるようになると、最終的には**「はっきり・くっきり・すっきり分類したい」**という第三段階に入ります。

たとえば、公園などに遊びに行くと、

小さいうちは子どもは何でもかんでも、ポケットに詰めこんで帰ってきます。しかし、成長するにつれて、同一性や比較ができるようになると、ドングリしか詰めなくなったりします。

さらに分類できるようになると、丸いドングリは右のポケットに、長細いドングリは左のポケットに入れるなど、「分ける」という行動をとることがよくあります。

またこの年代になると、何でも数えたいという「数の敏感期」も並行してやってきます。そんな時期におすすめなのが、違った種類のものを混ぜて数える左ページのお仕事です。

「同一性を見出し、比較し、分類する」といった、私たち大人が日常生活で使っている「考える力」は、このような「同一性」「比較」「分類」の作業から生まれてきます。これは将来必要になる**論理的思考の基礎**となります。

「感覚の敏感期」はまさに知性の芽生え。興味深く見守れるかどうかで、子どもの能力はまったく変わってくるはずです。

## 3歳～ 「同一性」「比較」「分類」のお仕事

### 敏感期 ▶ 感覚・運動(つまむ)・数の敏感期

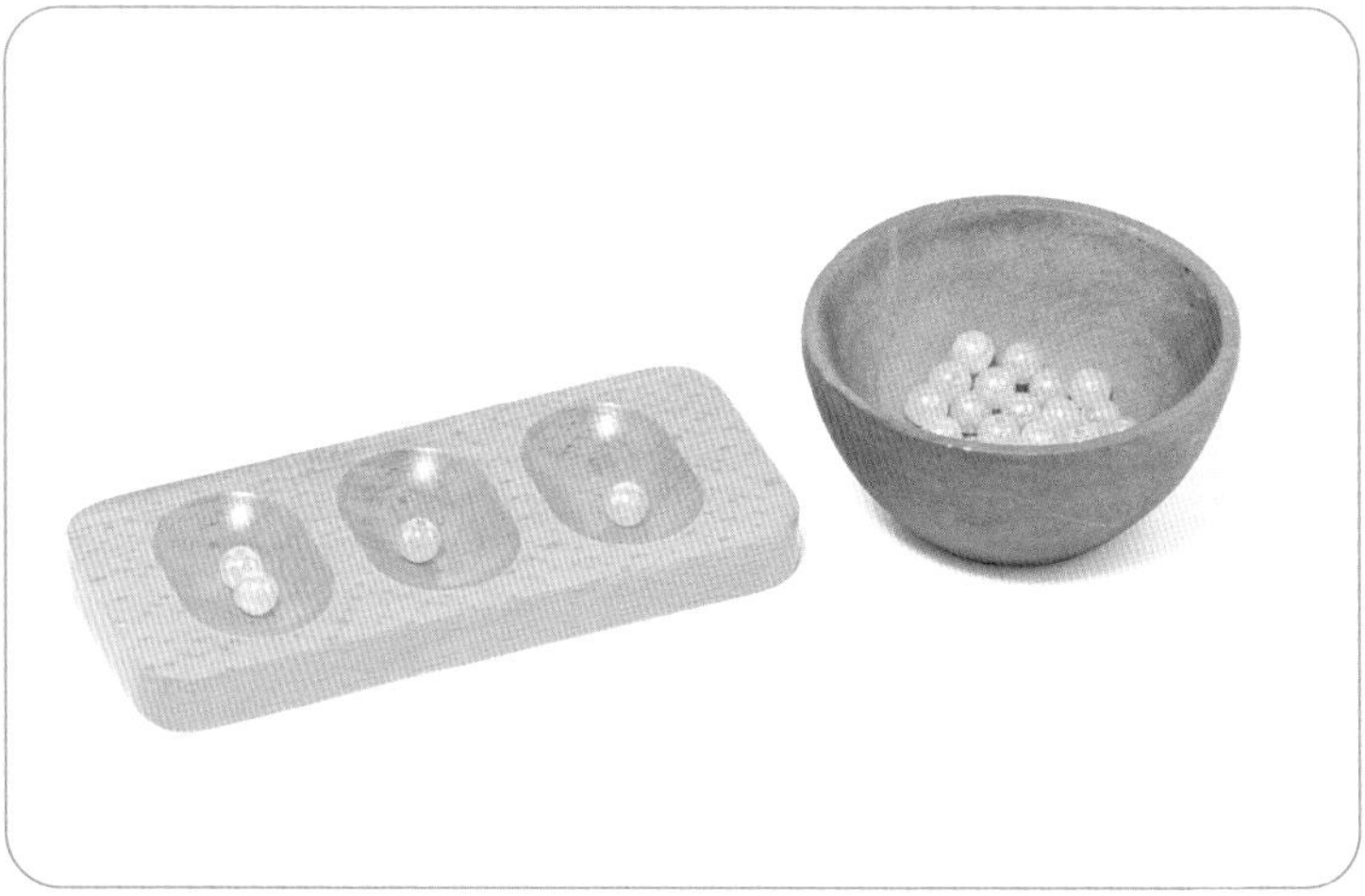

**必要なモノ**

- 色違いのビーズ
  3種類
  5個ずつ(7㎜位)
- ビーズを入れる器
- 3つにわかれた皿

※ピンセットでつまむ活動を加えても良い。

TIPS

感覚の敏感期が進むと、写真のように、同じ形だけれど、色が微妙に違うことにも気がつき、こだわり、分類(ソーティング)するようになります。

①同じものを対にする(ペアリング)
②比較する(グレーディング)
③分類する(ソーティング)

一見、子どもは同じような活動を繰り返しているように見えますが、子どもの活動の中身はどんどん進化しているのです。

# わが子の人生を豊かにする「五感」を磨く

このような「感覚の敏感期」は、これから長い人生を生き抜いていくのに必要な武器となる、**五感を洗練させていく時期**でもあります。

「**視覚**」は五感の中心であり、私たち大人も、目から多くの情報を得ています。目で見て大きい・小さい、長い・短い、太い・細いなどの比較ができるようになります。

「**触覚**」は、手や肌から直接受ける感覚です。ザラザラ・スベスベ、温かい・冷たい、重い・軽いなどをさわりながら身につけていきます。

「**聴覚**」は、ママの胎内にいるときから育っています。そして、6歳までの耳の敏感期を経て、音を聞き分ける力が育ちます。

「**味覚**」「**嗅覚**」は、人生を豊かにするとても大切な感覚です。食事などもできる限り、本物の良質なものにふれさせ、味わわせるなど、味覚も嗅覚も洗練させてあげたいものです。

## 五感を意識しよう

### 視 覚

現物を見て比較する。違いを言葉で表現する

### 触 覚

さわってみる。目をつむると触覚に集中できる

### 聴 覚

聴覚はママの胎内にいるときから育っている

### 味覚・嗅覚

季節のおいしいもので、味覚も嗅覚も満足。花の香りも嗅いでみる

## 0～5歳半くらい
## 言語の敏感期「言語の爆発期」

0～6歳の間に様々な敏感期があらわれては、消えていきます。その中で一番長い間あらわれているのが、**「言語の敏感期」**です。0歳から耳にした様々な音や言葉を、無意識的記憶で大量にためこみ、それが一気に溢れ出すのが3歳前後で、これを「**言語の爆発期**」といいます。言葉にできることが、嬉しくてたまらない、そのような時期の到来です。0～3歳で無意識的にためこんだ膨大な印象の情報と名前を一致させようとするのが、この時期なのです。

### ◆第一次質問期――「これなーに？」

子：「これなーに？」
母：「りんご」
子：「これなーに？」

母：「いちごだよ」
子：「これなーに？」
母：「ごめんね、あとにして〜」

お子さんからの「これなーに？」があまりに多いと、ついつい逃げ出したくなる気持ちもわかります。しかし、この時期の子どもは見たものの名前がわかることが、嬉しくてたまらないのです。**物と名前が一致した瞬間、快感や、やる気を起こすドーパミンが出るから**です。

また、感覚の敏感期とも重なり、「はっきり・くっきり・すっきり」知りたい、言葉にしたいという強い衝動に後押しされています。「これなーに？」は、今、覚えれば一生忘れない言語習得のビッグチャンスととらえ、丁寧につきあってください。

## 聞いてきたときが、教えるチャンス！

子どもは、今を生きています。興味があって聞いてきた、そのときが教えるチャンスです。言語能力を高めるのにこんなにいいときはありません。

このときに、**名前だけでなく、いろいろな情報も入れてあげましょう。**

「これなーに？」と聞かれて、「カブトムシだよ」と答えるだけではなく、「カブトムシには雄と雌がいてね、雄はツノが大きくて……」とか、「赤茶色に光ってるね」「さなぎのときにはこういうところにいるんだよ」「幼虫は腐葉土を食べているんだよ」などと話してあげるのです。

子どもはそのときはわからないかもしれませんが、その情報はちゃんとインプットされているのです。このとき、**図鑑などを開いて見せてあげるのもいいでしょう。**

「これはチューリップの花で、これが球根なんだよ」などと言って見せると、さらに世界が広がっていきます。そして、そのうち自分から図鑑を広げて調べ始めるようになります。ｉＰａｄやスマートフォンなどの使用は、賛否両論ありますが、子どもが興味を示したそのときに、その場で画像や動画まで、すぐに見せられるという意味ではとても有効です。

時間に余裕があるおじいちゃん、おばあちゃんが、気長に子どもの質問につきあってあげることも、とても素敵なことです。

## 言語の敏感期の目安

0～3歳

見たもの聞いたものを
無意識のうちにどんどん吸収する

約3歳

言語の爆発期① ➡「これなーに？」

感覚の敏感期と重なり、
整理して言葉で表現したい
＝言語の爆発期「これなーに？」

「書く敏感期」

運動の敏感期と重なり、
手を動かして書いてみたい

「読む敏感期」

文字に興味・何でも読んでみたい

言語の爆発期② ➡「なんで？」

世の中がどうなっているのか知りたい

約6歳

## わが子の好奇心を伸ばす！
## 第二次質問期――「なんで、どうして？」

4～5歳になると、感覚の敏感期とともに、原理、すなわち物事の成り立ちに興味を持つようになります。それが、「なんで、どうして？」と質問し続ける第二次質問期の始まりです。

特に男の子は、自然の原理などに興味を強く持つようで、「なんで火山は噴火するの？」「なぜマグマは赤いの？」と次から次へと質問してきます。世の中の原理原則を「はっきり・くっきり・すっきり理解したくてしかたがない」のです。

「いったいいつまで続くの？」と閉口するかもしれませんが、それほど長くは続きません。子どもの好奇心をここでどう伸ばせるか、子どもの語彙をどれだけ増やせるかを考えて、じっくりとつきあってあげてください。

**このときの、「なんでだろう？　そうかわかった！」という、この体験こそが、小学校から始まるお勉強の原動力になるのですから。**

しかし、全部の質問に完璧に答える必要もありません。「ほんとだね、不思議だねー」と、疑問の種を残すことでさらなる興味を生むことになるので、ときには答えを出さないことも意味があることなのです。

なんで、どうして？

↓

物事の原理、物事の成り立ちへの関心

すべてに答えないことも
子どもの好奇心を伸ばす
ことにつながる！

## 3〜5歳 指を動かして書きたい！「書く敏感期」

0〜6歳の言語の敏感期の中で、「読む」よりも「書く」ほうが先にやってくることを意外だと思われる方は多いと思います。これは、運動の敏感期で「指を動かして文字を書きたい」という強い衝動が後押ししているからなのです。

幼稚園に入るとまもなく、お手紙交換ブームがやってきます。「○○ちゃんからお手紙もらっちゃった」と嬉しそうにしているわが子の手にあるお手紙には、とても文字とはいえないような、謎の記号が書かれています。そして、嬉しそうに書くお返事も、謎の記号（笑）だったりするものです。

これらの行動は、明らかに手指を動かして、「文字を書いてみたい！」という強い衝動が突き動かしているという証《あかし》でしょう。その衝動を活かして、文字を教えていきます。

**書き方を見せるときには、ゆっくりと**

この時期は秩序の敏感期でもあるので、最初に見せる「書き順」に注意しましょう。

字を教えるときはゆっくり書いて見せます。ここで間違った書き順を秩序化してしまうと、後で修正することが、とても困難になるからです。また、鉛筆やペンを正しく握るには、親指、人差し指、中指の3本指がしっかり動くことが大事です。ここまでの段階で、この3本指を使うお仕事をたくさんしていることが、きれいな字を書くための大切なステップなのです。次ページでは2つのお仕事を紹介します。

3本指を使うお仕事に集中！

## 1歳半～ 楊枝《ようじ》さしで3本指を使う練習

敏感期 ▶ 運動(つまむ)、言語の準備

### 必要なモノ

- 楊枝入れ
  (穴が一つのもの)
- フタのない楊枝入れ
- 楊枝　10本

TIPS

ストローなど太いものを上手に刺せるようになったら、ストローより細い楊枝を、より小さな穴に刺す活動に移行します。対象が小さく、細くなるにつれて集中力が要求されるようになります。
楊枝は10本程度用意し、先がとがっていて危なければ、はさみなどですこし切って丸くしておきましょう。

とがっているので注意

## 2歳〜 洗濯ばさみで3本指を使う

敏感期 ▶ 運動(はさむ・3本指の力をつける)

### 必要なモノ

- 子どもの指の力で開けるかたさの洗濯ばさみ
- 画用紙
- ラミネート
- フェルト

### 作り方

1 子どもが楽しめるような、たこや赤ちゃんのモチーフ(直径13㎝)を画用紙で作り、ラミネートする。

2 滑り止めとして、裏にフェルトを貼っておく。

## 4歳半〜5歳半
# どんどん読みたい！「読む敏感期」

「書く敏感期」に続いて、文字を読みたくてしようがない、「読む敏感期」がやってきます。

「ほら、たかしの〝た〟だよ」など、自分の知っている文字に強く反応するようになります。

注意すべきことは、**敏感期がまだ到来していないのに、「早期教育」で教えこまないこと**です。効果がないばかりか、子どもに苦痛を与えてしまうことになりかねません。

「読む敏感期」に入った子どもは、文字を覚えることが楽しくて楽しくてしようがないのです。ですから「読みたい！」という衝動の強いこの時期を味方につけ、伸ばしていくことが大切です。**モンテッソーリ教育が「適時教育」といわれる理由はここにある**のです。

「適時」ということは、**敏感期がきたことに、親が気づかなくてはいけない**、ということになりますよね。「そんなー、自信ないんですけど……」とおっしゃるご両親がいるかもしれません。でもご安心ください。簡単な方法があります。

## 文字を貼っておこう

それは、**「何でも、貼っておく」**という方法です。たとえば、「あいうえお」の五十音表や、動物の絵と名前がたくさん書いてあるポスターなどです。

敏感期が到来していない子どもは、壁に貼ってあっても、素通りします。しかし、ある時期になると、その前に立ち止まって、知っている字を指差して拾い読みをするようになります。これがシグナルになるのです。

貼っておくだけで
立ち止まります

## ひらがなの拾い読みができるようになったら

ひらがなの拾い読みができるようになった子どもとできる楽しいゲームがありますので、ご紹介しましょう。用意するのは、いらない白い紙を3センチぐらいの幅に切った短冊です。ここに、子どもの目の前で、ゆっくりひらがなを書いて見せます。「読む敏感期」にある子どもは、興味津々です。

たとえば「いす」と、書いて読ませます。そして、「これ、どこにあるか知ってる?」と聞いて、短冊にセロテープを貼って持たせます。子どもは嬉々として貼って帰ってきます。同じように、「かべ」「れいぞうこ」など、次々に貼らせます。

家中が短冊だらけになってしまいますが、文字を読む、物の名前を覚える、お金のかからない、一石三鳥のおすすめゲームです。

短冊を切って文法を学ぶ活動もあります。5歳以降のお子さんにおすすめです。

3センチ幅の白い短冊に鉛筆で「しろいかみ」と縦書きで大きく書きます。次に「しろい」と「かみ」の間をはさみで切り、順番を入れ替えて「かみしろい」と読みます。お子さんは「変だね~!」と気がつくはずです。これが生きた文法です。

短冊を貼るゲーム
ものの名前を読んで貼るゲーム

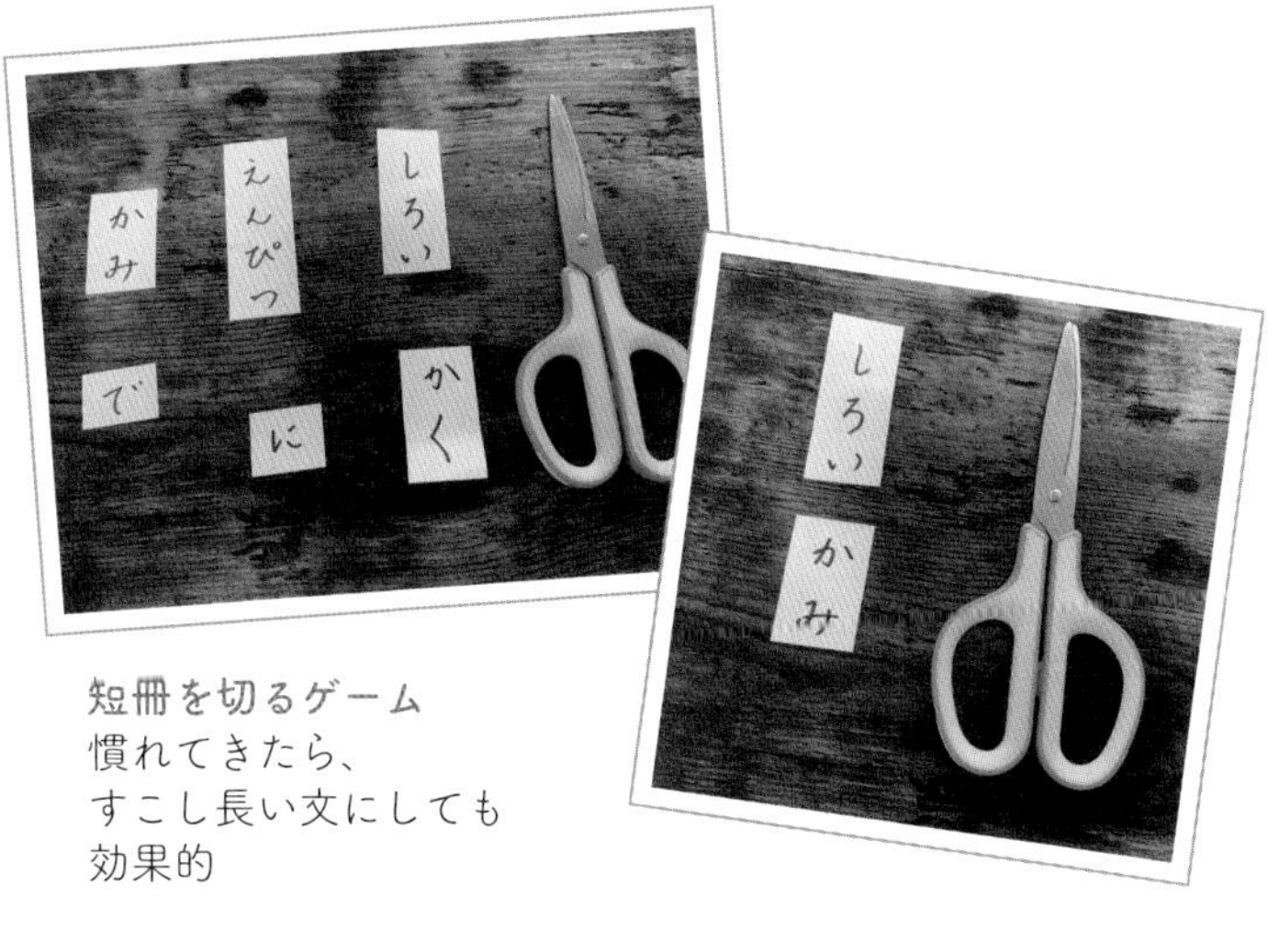


短冊を切るゲーム
慣れてきたら、
すこし長い文にしても
効果的

## 自分の意見を言える子に

この時期の親子の会話を聞いていると、先回りして子どもの言葉を奪ってしまっている親御さんがけっこういます。その結果、「うん」と「ううん」しか言わない子どもを作り上げてしまうので注意が必要です。たとえば、子どもがそばに置かれたジュースを飲みたいと思ったとき、首をかしげた瞬間に、「ジュース飲みたいの？」。親からすれば、だいたい推測はつくので、勝手に子どもの言葉を先回りして奪ってしまうのです。そこまでいかなくても、子どもが「ジュース」と言えば、「わかった。ジュースよね」と言ってジュースをコップに注いで渡す親御さんは多いと思います。

### 会話をレベルアップしよう

しかし、幼稚園の年長くらいになったら、次のように会話をレベルアップしてほしいものです。

子：「ジュース」
親：「お母さん（お父さん）は、ジュースじゃないよ」
子：（「なんだよ」という顔）
親：「なんて言うの？」
子：「ジュース飲みたい」
親：「飲みたかったらどうするの？」
子：「ついでほしい」
親：「ジュースをついでください。だよね？」

「ジュース飲みたい」と子どもはよく言いますが、「ジュースを飲みたい」の〝を〟という助詞が抜けることが多いのです。親御さんの話し言葉がそうなっている時代ですから、しかたないことかもしれませんが、言語の敏感期が到来しているときに正しいものの言い方や正しい頼み方をきちんと見せて、聞かせてあげてください。

## 先回りして子どもの言葉を奪わない

先回りして、子どもの言葉を奪ってしまうことが普通になってしまうと、その関係はその後の思春期になっても、ずっと続きます。

「わかったわ、あなたの言いたいことは、つまりこういうことね」
「うん」

こんな感じです。こうした関係を続けていて、お子さんがいざ人生の大切な時期になったときに、「ほら、自分の意見を言ってごらんなさい」と言われても、言えるはずがありません。自分の考え、気持ちをきちんと伝えられる子に育てるためには、**言語の敏感期、読み・書きの敏感期に自分の言葉で伝えられるようにサポートする**。それが親のすべきことなのです。

COLUMN

# 新試験制度とモンテッソーリ教育

大学受験の試験制度が変わり、これからは、「非認知スキルが問われる時代だ！」などといわれています。

これまでは、IQや偏差値、マークシート方式などで測れる＝認知できるスキルが必要とされていました。

しかし、AIが人間に取って代わるこれからの時代は、人間にしかできない、独創性、共感する力、主体性、根気強さ、自信といった、「測れない＝非認知」のスキルが必要な時代がくるといわれています。

とはいえ、そうした能力は、いったいいつ、どうやれば育つのでしょう？

まさしく、０～６歳の乳幼児期に、自分で選択して、最後までやり抜く実体験と、子ども同士、生身の人間とのふれあいを通してのみ、生まれて育つものだと思います。

そうした意味で、モンテッソーリ教育は100年以上前から続く教育法でありながら、今後、さらに重要性を増してくるものだと実感しています。

# 3～6歳
# 数えたくて仕方ない！「数の敏感期」

3～6歳の乳幼児期後期に、何でも数えたくて、数えたくてしかたがない時期がやってきます。これが**「数の敏感期」**です。4歳前後、幼稚園の年中くらいからと、比較的遅くに始まるのが特徴です。

子どもは、**「はっきり・くっきり・すっきり数えたい」**という強い衝動にかられます。豆でも、爪楊枝でも、何でも並べて数えたい。このお子さんの、数字をどんどん読んでみたいという行動を見逃さないでください。

お弁当の中の豆を何回も数える子、車のナンバープレートの数字をどんどん読む子、カレンダーの中の数字を指さしては大きな声で読み上げる子……。みんな、数えるのが楽しくてしょうがない、数字を言えるのが嬉しくてたまらないのです。

モンテッソーリ園の年長組では、実物を動かしながら四則演算（足し算、引き算、掛け算、割り算）までを体得します。そのような姿は、一般的に「早期教育で詰めこみをして！」というイメージにうつるようです。

しかし、数の敏感期が到来した子どもは、喉がかわいて水を欲するように数を数えたがります。望んでいるときに適切な教育を与えて、「本当の力を伸ばす」。

モンテッソーリ教育が適時教育といわれる所以はここにあるのです。

## 1000まで数えたい！

子どもたちは「大きな数」が大好きです。

幼稚園で男の子が次のように言い合う姿を見ます。「俺なんか1万個持ってるもんね～」「俺なんか、10万個だね～」。おそらく今も昔も変わらない光景です。これは、大きな数に興味がある、大きな数に憧れる、そんな背景があるのでしょう。

モンテッソーリ教育に「1000のくさり」というお仕事があります。98ページの写真のビーズは実は1000個並んでいて、横に伸ばすと10メートル以上になります。

これを写真の男の子は一気に数え始めました。途中休憩を一度はさみ、数え終わるまでに2時間半くらいかかったでしょうか？

お仕事を終えたときの彼の顔は、「数えられた」という満足感と、「一人でできた！」という自信に満ちていました。その後、彼が言った言葉が今でも忘れられません。「パパ先生、**９９９って本当にあったね！**」。

彼は９９９という数字を読めますし、書くこともできますが、それが本当にあるかどうかは実体験として知らなかったのです。そして、９９９個があと1個で１０００個になるという瞬間を体感したのです。

「999があった！」

１０００という数字は、小学校2年生の算数で「１００より大きい数」という単元で勉強します。しかし、それは教科書の中の話で、「1に0を3つ並べると１０００になります」と教えられるだけです。紙の上でしか数字を知らない子どもと、自らその多さ、長さを体感している子どもとでは、どちらが、あと伸びするでしょうか？

もちろん、後者ですね。次ページの教具は「１００のくさり」ですが、いきなり１０００から始める必要はありません。

## 4歳～ 100のくさり

### 敏感期 ▶ 数の敏感期

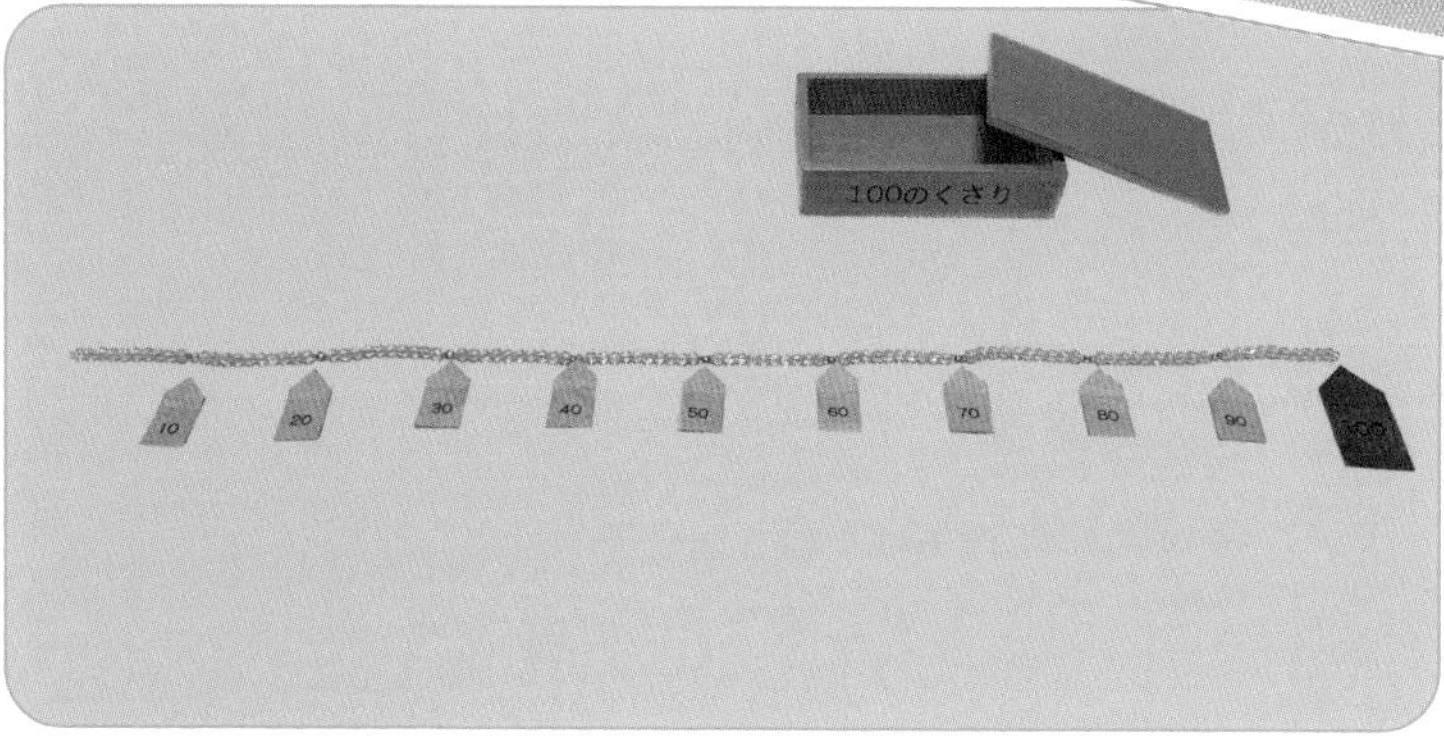


### 必要なモノ

- 手芸用の9ピン　10本(6.5cm)
- 穴あきビーズ　100個（5mm）
- 手芸用Cカン　9個
- 先長ラジオペンチ

### 作り方

1 画用紙で10、20……と札を作り、100の札は大きく作る。

2 9ピンにビーズを10個とおして、端を先長ラジオペンチで丸めてとめる。これを10本作り、Cカンでつなぎ、上の写真のようなくさりにする。

**TIPS**

100まで一気に実物を数えることで、数の連続性を感じます。これにより、十進法の基礎が身につきます。

1から丁寧に声に出しながらビーズを数えていきます。10になったら10の札をつけていきます。100になったら大きな100の札をつけます。

応用として、手書きで4の札を作り、「○○ちゃんは4歳だね。4のところに札をつけてみよう」「お父さんは36歳だから、36の札をつけてみよう」など、様々な数を認識させることで、数の連続性が身につきます。

１００を増やしていき、１０００まで数えるようになれば理想的です。

では、１０００をいう数字を学ぶ小学校2年生のときに、「皆でこのお仕事をしたらいいのに！」と、思われるかもしれません。しかし、誰もやりたがりません。なぜならば、**数を数えたくてしようがない数の敏感期も、手を一生懸命動かしたいという運動の敏感期も、どちらもすでに終わってしまっているから**です。いかに敏感期が大切か、おわかりいただけるのではないでしょうか。

## 数字力を伸ばす！

数の敏感期は意外と遅くやってきます。ですから、**数を教えるのが早すぎないこと、そして教えこまないことが大切**です。また、紙の上で教えるのではなく、必ず実物を見せながら数えます。1〜10まで数えられても、暗唱しているだけで実物と結びついていないことがあります。「数えられること」と「数を理解していること」は、別なのです。**「量・実物」「数字」「数詞」の3つが、一致していることが大切**です。

この時期は、家族で数え方をそろえてください。

「4」は「し」ではなく「よん」。「7」も「しち」ではなく「なな」に統一しましょう。また、数が定着するまでは「枚、本、冊、匹、頭」などの助数詞は入れず、「犬が5いるね」と、数だけで示しましょう。

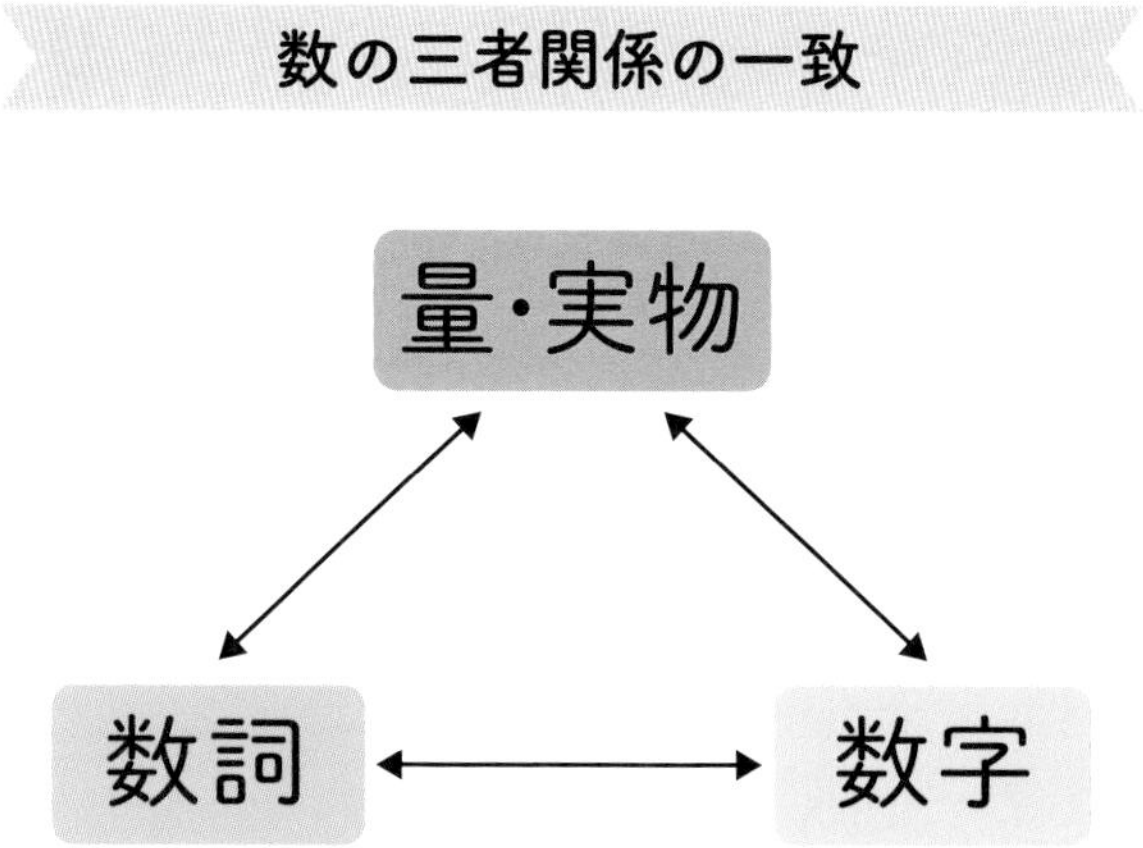

量と数字の一致を丁寧に

## 4〜6歳　文化、礼儀、社会のルールを身につける

子どもには、あいさつをするのが楽しくて仕方ない時期があります。「ただいま」「おかえり」「しつれいしました」など、まわりの大人の交わしている言葉の真似をして喜びます。これは、生まれ育った国、地域、文化、習慣に適合したいという本能からくるものです。また、4歳、5歳になってくると、**自分以外の人の気持ちを察し、共感する力が芽生えてきます**。そうして初めて「ごめんなさい」を自発的に言えるようになるのです。

正しいあいさつを、タイミングよく言えるようになるためには、見本である大人が、正しい行動を見せなくてはいけません。

外食をして店を出るときなど、「おいしかったです。また寄らせていただきます」と言える親の元であれば、おのずと子どももそう言うように育つものです。

私たち**親も大事な環境の一つ**なのです。

COLUMN

## 縦割り保育と横割り保育

モンテッソーリ園の特徴の一つに、「縦割り保育」があります。

年長・年中・年少で横に切るのが「横割り保育」なのに対して、たとえば３歳以降の年長10人、年中10人、年少10人をあわせて一クラスというのが縦割り保育です。

この年代の子どもにとって、年齢が上の子どもたちがいることで、彼らの真似をして育つので、「縦割り保育」はとても有効です。また、年長さんが年少さんのお世話をしますので、子どもは３年間を通して、長男・次男・末っ子の三役を体験できます。

「小さい子に優しくしなさい」と、大人は簡単に言いますが、上の子から優しくされた実体験がなければ、子どもはどう接したらいいのかわかりません。そういった意味においても、縦割り保育は、モンテッソーリ園以外でも導入してほしいと思う保育法です。

たとえ縦割り保育の環境がなくても、近所のお友達や親戚の集まりなどの場で、できる限り異年齢の子どもとふれあう機会を持つことはできます。そのような場が、わが子の他人への思いやり、協調性を伸ばすのだと予習しておきましょう。

# 子どもが伸びる教え方 キーワードは「3つのM」

子どもが敏感期にさしかかり、新しい活動にチャレンジしたい、でも、やり方がわからず困っているということがよくあります。

そのようなときに、私が考案した子どもの能力を高める教え方があります。わかりやすくお伝えするために、「3つのM」とします。私どもモンテッソーリ教師もこの技法を活用しているので、ご家庭でもぜひ真似をしてみてください。

**3つのM**

**「見ていてね」のM**
**「待っていてね」のM**
**「もう一度やるから見ていてね」のM**

## その1「見ていてね」

最初の「見ていてね」は、**子どもの目の前でやって見せる**ということです。このときの注意点は、**「ゆっくりやる」「スローモーションで見せる」**です。

子どもの視覚でものをとらえるスピードや何かを理解する速度は、大人よりはるかにスロー。

さて、どのくらいだと思いますか？　何と8倍もスローなのです。そのため、大人がいつものスピードでやって見せても、子どもは目がついていかないのです。私たちがDVDを8倍速で見たら、何をしているのか全然わからないはず。それと同じです。

動くものを的確にとらえる動体視力が育つのは6歳以降だといわれています。それくらいまでは、すべてゆっくり見せるように心がけてください。そして、**見せるときは「見せるだけ」に徹するようにしましょう**。子どもはまだ、2つの機能を同時に動かすことができません。「ながら」ができないので、食事中にテレビをつけたら最後、目と意識はそちらに集中し、手は止まったままになってしまうからです。作業や行為をしっかり見せるためには、**「手を動かしているときはしゃべらない」「しゃべってい**

**るときは、手を動かさない」こと**です。子どもは耳と目と手が一緒に動かせないので、見るときは見ているだけ、聞くときは聞いているだけなのです。

## ●その2「待っていてね」

このようにして見本を見せていると、途中で子どもは手を出してきます。そのときには「待っていてね」と言って待たせ、最後まで見せることが大切です。やりたい気持ちをぐっと抑えさせます。

待っている間に、子どもの心の中はやりたい気持ちでいっぱいになります（ここがとても大切で、一番難しいところです）。しかしこれが「自分でやることを選ぶ」ことにつながりますし、待つことができるようにもなります。その次に「お待たせしました。あなたの番ですよ。やってみますか？」とたずねます。

余談ですが、最近は「待てない子ども」が増えてきています。

大家族の時代は、待つことが当たり前でした。しかし一人っ子があたりまえの現在、子どもが中心となり、待たせることがない環境になりました。ただ、わが子の本当の力を引き出すためには、あえて「待たせる」ことを意識してください。

### ●その3「もう一度やるから見ていてね」

見せて、待たせて、やっと子どもにさせるのですが、初めてのことですから、失敗することも多々あります。そんな時、親の手でやり直したり、「そこがダメ」と言葉で修正したりしてしまうことがあります。これはNGです。むりやり修正されたり注意されたりすれば傷つきますし、なぜうまくいかなかったのか理解もできません。

ではどうすればいいのでしょうか？　正解は、**「もう一度やるから見ていてね」と、最初と同じようにやって見せること**です。その際、決して「訂正しながら、教えない」こと。「**教えながら、教える**」のです。特に、子どもがつまずいている箇所は、意識的にゆっくりとやって見せることがポイントです。もう一度見せて、自分のやり方のどこが違うのかということを「自分で気づかせる」ことが重要なのです。

# モンテッソーリ教師に学ぶ3つの奥義

ここでは、私どもモンテッソーリ教師が子どもたちに教える際に駆使しているテクニックをお伝えしましょう。それは教師の「体の位置」と「言葉がけ」です。

## ❶ 利《き》き手側に座る

**子どもに初めてのことを教えるときは、その子の利き手側に並んで座ります。**

なぜなら、利き手側でないほうに座ると、見せなくてはならない細かい作業をしている手元が、その大人の手の甲がブラインドとなり、子どもに見えないからです。

子どもに何かを教えるときに**最悪の位置関係は「対面」**です。対面で手の動きを教えると、子どもにとってはすべて逆になり、理解することができません。

5歳前後までの子どもは、反対側から考えるということができないので、失敗してしまうのです。

### ❷ 斜め後ろ45度

子どもが活動を始めたら、集中の邪魔をしないように、子どもの視界から外れ、斜め後ろ45度の位置に移動します。わからない部分が出てきたときに、すぐにまたやり方を見せてあげられるのが、その位置です。

### ❸ やってみますか？

やり方を見せた後に必ず「**あなたもやってみますか？**」と敬意をもって声をかけます。やるかどうかは子どもの判断に任せます。「やらない」と言ったときは、「**わかりました。また今度やりましょうね**」と言います。

本当にやりたくないときもあれば、何となく気が向かないということもあるからです。無理にさせても意味はありません。

「斜め後ろ45度」の位置なら、
すぐにやり方を見せられる

# 教具とおもちゃはどう違う？

モンテッソーリ教育の中でも大事な役割を担う「教具」ですが、教具とおもちゃの違いはどこにあるのでしょうか？

**おもちゃは、子どもを楽しませることを目的としているのに対して、教具は「子どもの成長を援助することを目的にしている」という明確な違いがあります。**そして、使い方もそれぞれ教具ごとに決まっています。自由気ままに扱えるおもちゃとは一線を画すところがあるのです。

「わが家でモンテッソーリ教育を取り入れたいのですが、専用の教具を購入しなくてはいけませんか？」という質問をよく受けます。確かに、モンテッソーリ園で使われている教具には、本物だけが持つ魅力があります。

ただ、たとえ本物があっても、その教具の目的や使い方を親が理解していなければ、宝の持ち腐れとなってしまいます。

逆に、親が子どもの成長の段階の知識を身につけ、目的を吟味して選んだものであれば、たとえ百円ショップで購入したものであっても立派な「教具」となるのです。

特に、0〜3歳までの段階では、日常の生活ができるようになるための活動が多いので、自宅にある生活道具が教具に生まれ変わります。

## 「道具」の重要性

**「道具」に関しては、ぜひ本物をそろえてください。**

たとえば、「ハサミで紙を切る」というお仕事は、目と手が一緒に動くことを練習するための、とても有効なお仕事です。ここで使うハサミは、きちんと切れる本物を使いましょう。

「子どもにハサミなんて危ない！」と、思われるかもしれませんが、危ないものは、使い方や、使う場所をしっかりと教えてから使わせます。本物にしかない切れ味が、子どもの集中力を引き出すからです。道具の質が悪く、失敗ばかり繰り返していると、子どもは自信を失い、その活動が嫌いになってしまいます。

しかし、本物とはいっても、サイズや重さなどには注意しなくてはいけません。子どもの手の大きさに合っていて、手の成長段階にふさわしい本物を選ばなくてはいけません。ハサミも手のサイズに合うものを用意し、包丁であれば、バターナイフから始めて、子ども用の包丁へと移行します。そうすれば必ずうまくいきます。

子どもはうまくいくと繰り返します。そして、繰り返すうちにもっとうまくなります。うまくなると自信がつきます。自信がつくと次のステップにチャレンジしようとします。

子どもの成長に合わせて道具を用意するなど、小さな援助をすることが、モンテッソーリ教育でいう**「環境を整備する」**ということなのです。

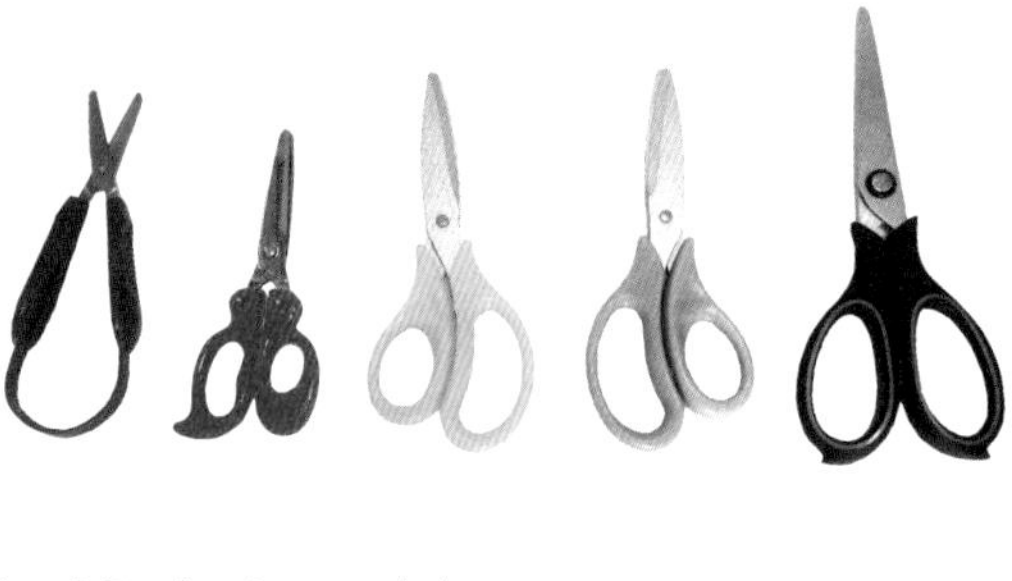

手の成長に合ったハサミを！

COLUMN

# 左利きは矯正すべき？

「この子、左利きみたいなのですが、直したほうがいいでしょうか？」

親御さんからよく受ける質問です。この時期の子どもは、両方の手を器用に使います。

実は脳科学的に見ても両手を使うと刺激がたくさん与えられる、ということがわかっています。楽器の演奏が脳の発達にいいというのは、こうした理由なのかもしれません。

脳外科の医師をしているあるお父さんが、「手術のときに、両手が使えるって大事なんですよ。ただ、日常生活では右利きのほうが便利な環境が多いので、鉛筆やスプーンなどを渡すときには右手で渡すよう心がけています」と言っていました。

あなたのお子さんが、最初は右手で作業をしていても、集中し始めると左手に持ち替えるようであれば、左利きです。無理に矯正しようとせず、左手を使っていくほうが、豊かな人生につながっていくと思います。

## 1歳半～ バナナを切る

### 敏感期 ▶ 日常生活の練習（切る）

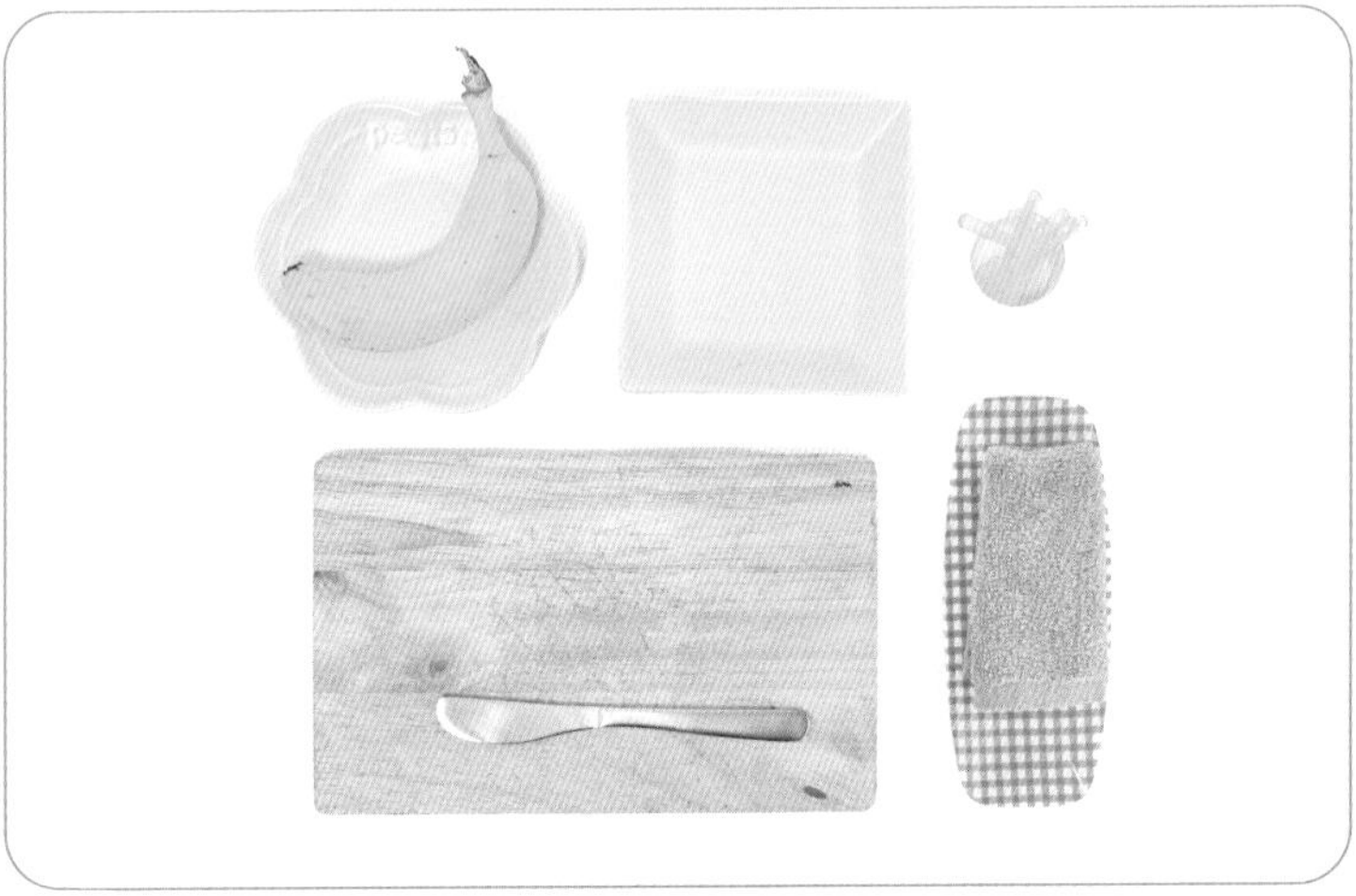

### 必要なモノ

- まな板
- バターナイフ
- 手拭き＆手拭き置き
- ピック＆ピック置き
- バナナ＆バナナを置く皿
- 切ったバナナを盛る皿

子ども用の包丁

TIPS

何でも真似したい時期の子どもは、台所での料理にも興味津々です。最初から包丁は持たせず、まずはバターナイフでバナナを切る活動をします。切ったバナナは皿にのせ、楊枝を刺して、家族や友達にサーブします。バターナイフに慣れてきたら、写真のような子ども用の包丁に移行します。切る対象も魚肉ソーセージ、キュウリなど様々なものを切る体験をしていきます。この年代になってきたら、一連の活動を最後まで一気に提示して見せることが可能になります。

３歳以降は意識的に記憶を留めることができるようになってくるからです。

## 2歳半～ ごますり

**敏感期 ▶ 日常生活の練習・感覚(ひねる・嗅覚・味覚)**

### 必要なモノ

- すり鉢
- すりこぎ
- ごま
- ごまを入れる瓶
- スプーン
- すったものを入れる器
- 卓上用のちりとりとほうき

TIPS

すり鉢とすりこぎですするというのも、日常生活の中にある魅力的な動きです。しかし、子どもにとって右手と左手を逆方向に回すことは、とても難しいことなのです。100円ショップにある小さなすり鉢セットは子どもにとって最高の教具になります。最初はすり鉢を大人が押さえてあげましょう。手に伝わるゴリゴリという感触が触覚を、ごまがすれて生じる香りが嗅覚を刺激します。応用として、食塩やかつお節を加えてすると、「オリジナルふりかけ」を作ることもできます。料理のお手伝いは手の動き・嗅覚・味覚がすべて養われます。まわりに落ちたカスを、ちりとりとほうきで片づけるのも大切な「お仕事」です。

# おもちゃの正しい選び方、おもちゃには2種類あった！

モンテッソーリ教具は成長の援助という一つの目的に向かっているという点で、一線を画すものですが、正しく選ばれたおもちゃは、子どもの成長に大切な役割を果たします。

おもちゃは下図のように、大きく、**「オープンエンド型」**と**「クローズドエンド型」**の2種類に分けられます。

**子どもの成長には、どちらも必要なので、家庭ではバランスよく置いておくことが大切**です。ちなみに、一度終えたパズルをまた崩して繰り返しやり始めたら、そのパズルが成長レベルに合っている証拠です。

●オープンエンド型
際限なくずっと続けられるもの
例）積み木、レゴ、人形遊び

●クローズドエンド型
あるところで結論が出るものやサイクルが完了したという状態が目的にあるもの
例）パズル

## 誤りの自己訂正

私のサロンには、写真のように子どもの成長に合わせて、いろいろなパズルを置いています。なぜこんなにたくさんそろえているのかというと、「自分で訂正する」力を育てるためです。

パズルというのは、間違っていることを大人に指摘されなくても、自分で気づくことができるものです。

自分で訂正してやり遂げ、一人でできたという達成感を得ることもできます。これを「**誤りの自己訂正**」といいます。

レベルに合わせたいろいろなパズル

## 自己選択力を養う

おもちゃを自分で選ぶことも、自分で決めるという自己選択力を伸ばすことにつながります。ですから、高いところにしまっているなど、自分で選べないようでは、この力は育ちません。また、**今の成長にぴったりのものと、次の成長にふさわしいものと2種類を置き**、季節ごとに一度は、おもちゃを入れ替えましょう。

これは主観になりますが、おもちゃを与え過ぎて育った子どもは、あきっぽく、移り気のような気がします。不足気味だからこそ、子どもは楽しむために創意工夫をこらすのだと感じます。

人間が生きていく上で、「自分で選択する力」はとても大切です。おもちゃだけでなく、他のものも自分で選べる力をつけるために、役に立つテクニックが**「二者択一」**です。

洋服や靴の数を少なくして、全部2種類でワンセットにしておき、「今日は、どっちにする？」と選ばせます。これだけで自分で選ぶ習慣がつき、自己肯定感も高まります。

ポイントは、「2つに絞る」こと！　3つ以上の選択肢から選ばせるのは、5歳以下の子どもには難しいからです。そして、選択肢をまったく示さず、「どうするの？」と問うのもやめましょう。これは、小学生以下の子どもには無理な質問だということを覚えておいてください。「二者択一」は、トイレトレーニングにも有効です。

まずは、自分のパンツを買いに行くことから始めます。お店で自分のお気に入りパンツを選ばせましょう。そして、「今日はオムツにする？　それとも、『お兄ちゃん（お姉ちゃん）パンツ』にする？」と、問いかけます。「自分で選んだ」という自覚も生まれ、自己肯定感にもつながります。ちなみに**トイレトレーニングの開始時期は、「トイレに歩いて行ける」「トイレの間隔が空く」「『おしっこしたい』と言えるようになる」という3つがそろってから**です。

COLUMN

## ひねる、つまむ…3本の指は賢い頭を作る

「3本の指は突出した脳である」。モンテッソーリの言葉です。子どもが「親指、人差し指、中指」の3本指を使って、ものをつまめるようになることは、脳の発達にも大きな影響を及ぼすということです。神経細胞が成長し、神経回路(神経のネットワーク)が密になってくると、脳の伝達効率は高くなります。この伝達を助けるのが「シナプス」です。シナプスの密度は5歳ごろまでに急速に増加し、7歳ごろまでにピークを迎えます。その時期は敏感期と重なります。

### 脳のシナプス密度の発達変化

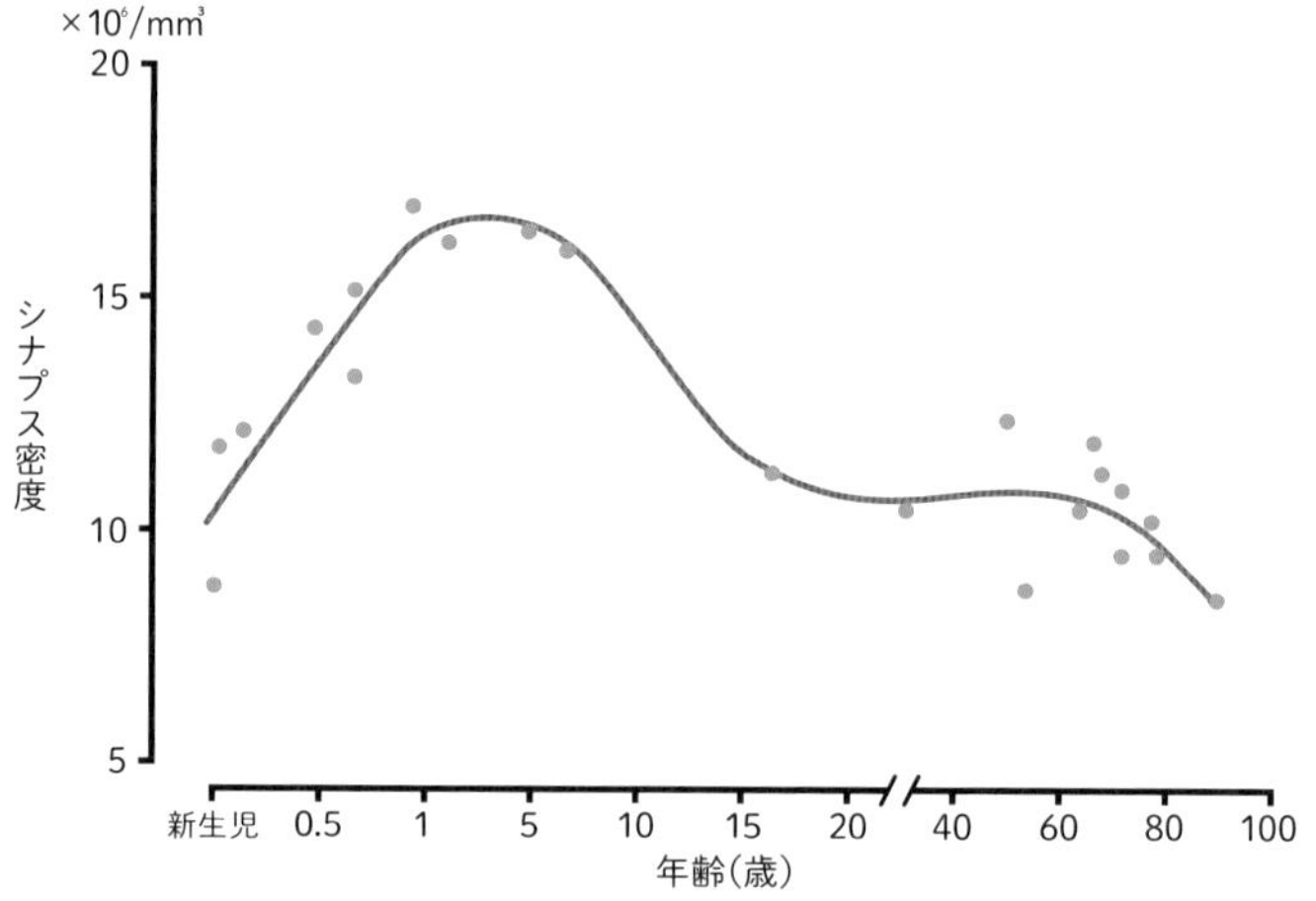


ピーター・ハッテンロッカー/「人間の前頭連合野におけるシナプス密度の発展的変化」

# 第4章

## 子どもは「正しい成長のサイクル」で
## グングン伸びる！

# 人生に必要な2つの肯定感

私は全国で講演をしていますが、「子育てには何が一番大切なんでしょうか?」とよく聞かれます。必要なことは2つ。**「自己肯定感」**と**「社会に対する肯定感」**です。

自己肯定感は、「どんな場所、どんな状況になっても、自分はそこそこやっていけると思うよ」といった感じの、楽観的な自信です。自分の存在を認めて、自分を好きになっている状態です。これがあれば、他人との競争で疲れたり、他人からの評価に左右されることがありません。自分の自信が揺らぐことがあっても、乗り切ることができます。

社会に対する肯定感は、「世の中にはいろいろな人がいるけれど、悪い人ばかりではないから、困ったら誰かに頼ろう」といった、人間に対する楽観的な信頼感です。

この2つの肯定感は、0〜6歳の乳幼児期にその土台ができ上がります

## 日々の生活の中で肯定感を育てるサイクル

### □ その1「自分で決める」

どんなことでも、自分で決めることから始めます。靴を履く、服を着るのも、「どちらにしますか？」という二者択一の問いで自己選択ができる工夫をしましょう。

しかし、その上の「どうするの？」の問いは6歳以前には難しい質問になるので使いません。

### □ その2「一人でできるように手伝う」

自分で決めて、自分でできたという体験こそが自己肯定感を生みます。私たち親ができるのは、「どうしたら一人でできるか？」だけを考え、環境を整えることです。

親に代わりにやってもらって結果を得ても、自己肯定感は育たないばかりか、「やっぱり僕はママ（パパ）がいないとできないんだ」という否定感を植えつけることになります。

もし、手助けをするときには「お手伝いしてもいいですか？」というひと言を心がけましょう。モンテッソーリ教育は、このひと言を大切にしています。

### □ その3「認める」

自分で決めて、自分で最後までやり遂げたときには、単にその結果をほめるのではなく、そのプロセスを認めてあげるように心がけましょう。

どんなに小さいことでも、子どもにとっては初めての体験、冒険なのです。「一人で最後まで頑張れたね」、そのひと言で十分です。

## 2つの肯定感を生む成長のサイクル

**「子どもは自ら成長し、伸びる力を持っている」**。その力を信じて、援助していくことがモンテッソーリ教育の土台となる部分です。子どもの本当の力が発揮されるためには、**「正しい成長のサイクル」**が必要です。左ページの図をごらんください。

**①興味・関心**　子どもは今置かれている環境の中を興味・関心を持って散策する
**②自己選択**　自分を成長させてくれる活動を自分で選択する
**③繰り返し・集中現象**　その活動に集中して、繰り返す
**④満足感・達成感**　上達することにより、満足感と達成感を得る
**⑤様々な能力を習得**　活動の精度が上がり、生きるのに必要な能力を習得する
**⑥自己選択力・自己肯定感・挑戦する心**　一連のプロセスを経て、「自分でできた！」という自己肯定感の芽が育ち、新しいことに挑戦する心が育つ

正しい「成長のサイクル」はこの6つのプロセスからなっているのです。

## 知っておきたい成長のサイクル

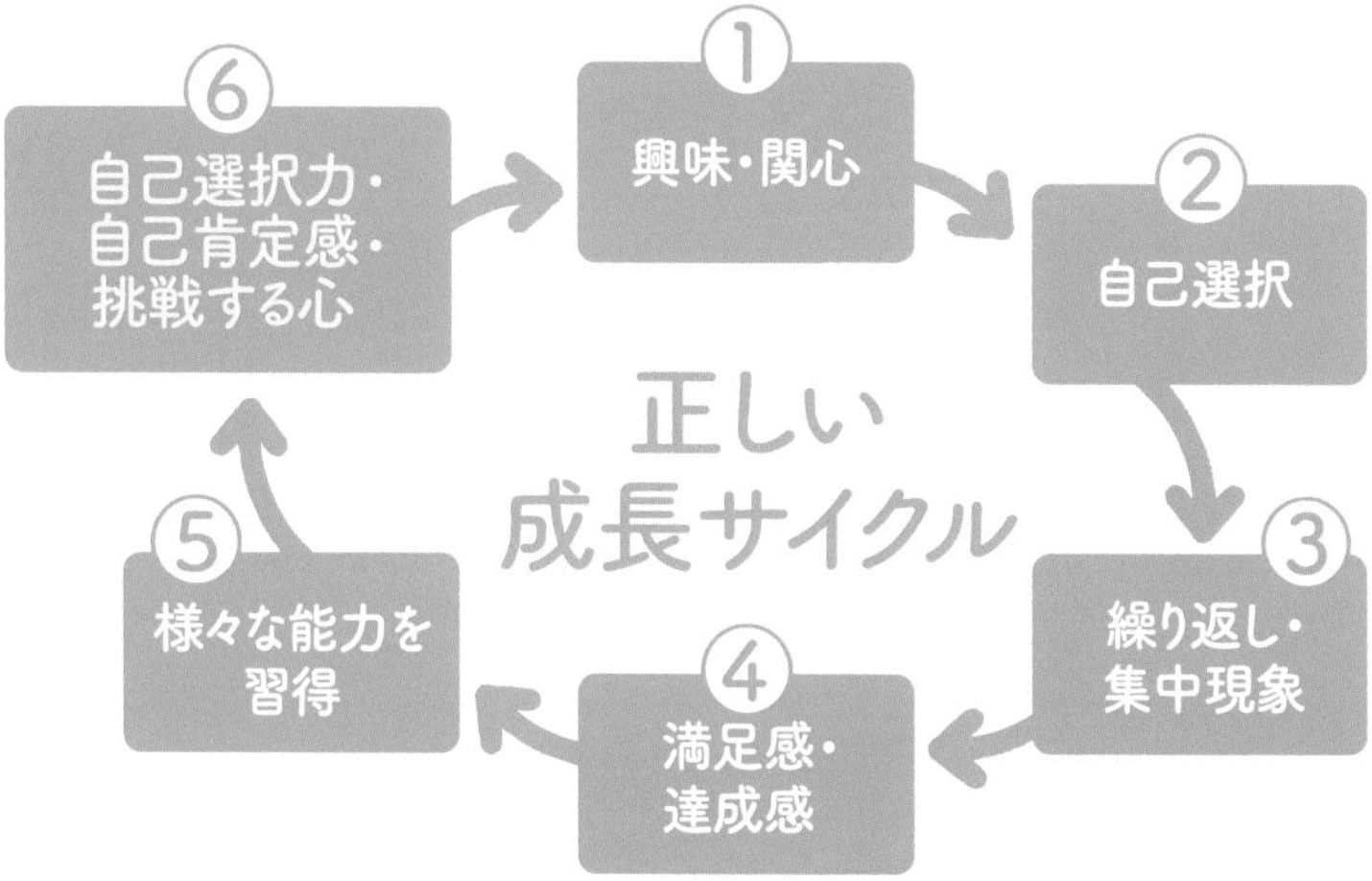


例
① お友達の絵を描きたい！

② クレヨンと画用紙を持ってこなくちゃ！

③ こんな感じかな…でももっとうまく描きたいなぁ。
もう1回、書いてみよう…もう1回…

④ うん、綺麗に描けた！　私は絵が上手なんだ！

⑤ よし、今度は絵の具を使ってみよう！

⑥ 絵の具で描いても素敵だ。
今度は違うもので描いてみよう！

## 成長のサイクル❶興味を持つ

子どもはまず、自分で興味・関心があることを探し出します。

なぜなら「今自分が成長しなければいけないこと」を本能的に知っているからです。これが42ページでもお話しした**「神様からの宿題」**です。

私のサロンでも、初めてきた子どもは最初のうちはお母さんのそばにいます。ですがここが安全な場所だとわかると、サロン内をブラブラし、散策し始めます。

0～3歳は、まさに散策の毎日です。ハイハイして移動し、いろいろな物を手に取り口に入れ、確認をしていきます。安全の許す限り、自由に散策を続けさせてあげましょう。そのような環境を用意することが、親の役割でもあるのです。

ただし、様々なものに興味を持つこの頃、事故も多くなります。発達に応じ、環境の再点検をしておきましょう。

**気をつけたい事故①「ハイハイ」＝「誤飲」**

ハイハイをし始めると、行動範囲が広がります。活動量もスピードもアップしますから、目が離せない時期となります。親御さん自身がハイハイをし、赤ちゃん目線になって、誤飲しそうなものがないかどうかチェックをしてください。

**気をつけたい事故②「伝い歩き」＝「水まわりの事故」**

伝い歩きができるようになると、水まわりの事故が増えます。特に風呂桶に張ってある水は要注意。ヨチヨチ歩きの頃は頭が重いため、覗いたまま頭から水没する可能性があります。また、運動の敏感期にある子どもたちは、何にでもよじ登ろうとします。そのため転落事故も多く、窓際やベランダに子どもが登れる高さの家具やものがないかの確認も必要です。その際、**お子さんの目線になるのが基本**です。

## 成長のサイクル❷ 自己選択する

野球のイチロー選手の父「チチローさん」はイチローさんに、バッティングセンターで来る日も来る日も楽しそうにバッティングをして見せたといいます。そしてイチロー選手が「頼むから僕にもやらせてほしい」と言ってくる日を待ったそうです。

ゴルフのタイガー・ウッズ選手も同じです。パット練習をする父親に頼み込んだものの、「まだ小さいからダメだ」と断られ続けたといいます。

誰かに言われたから始めるのではなく、「自分で選択した」という始まりがあるからこそ、さらなる高い境地を目指せるのかもしれません。

野球に限らず、日々の生活の中でも、自分で選ぶことはとても重要です。子どもの「正しい成長のサイクル」の2番目に「自己選択をする」とあるのはそのためです。

**強制的にやらされるのではなく、自分でいかに選ぶか。**

そこがすべての始まりなのです。

## 選べる棚

- □ おもちゃの数は少なく
- □ 子どもの目線に、成長にあった道具を置く
- □ 棚の後ろに、写真を貼っておく
- □ セットのものは、トレイに。
  下に滑り止めのマットを敷いておくとよい
- □ 大人もいつも、同じ場所に片づける！

## 成長のサイクル③　集中して繰り返す

サロンにはいろいろな教具が置いてありますが、子どもはその中から、「どうやら自分の今の成長に役立ちそうだ」と自分で見極め、一つの教具を手にとります。そしてそれを机に置き、「お仕事」を始めるのです。自分の成長段階に合っていないと、一回で満足して活動を終わりにしますが、今の自分の成長の欲求にマッチしていると、集中して何度でも繰り返します。私の一番下の娘が5歳くらいのときの話です。

ある冬の日、氷が張った池に氷の破片を投げると、パンと散ることを娘は発見しました。娘はその遊びにすっかりハマってしまいました。こちらは寒くて帰りたかったのですが、娘は真剣そのもの。「これも一つの集中現象かな」と思って見ていると、30分ほどで満足し、自分から「もういいよ、帰る」と言いました。そのときの娘の晴れ晴れとした笑顔を、私は一生忘れないでしょう。集中して繰り返し出したら、親はその活動を止めないようにしましょう。

息を飲む集中！

成長段階に合っていると、子どもはその作業を繰り返します。「ひとりでできた！」が、自己肯定感を育てます

## 成長のサイクル❹ 活動の精度が上がることにより、満足感と達成感を得る

子どもが集中している姿というのは大人から見ても非常に迫力があるものです。そうやって集中して繰り返していると、その「お仕事」がどんどん上手になります。これによって、子どもは満足感と達成感を得ていきます。

一つひとつの指に力が入るようになり、洗濯ばさみできれいにはめられた充実感！

## 成長のサイクル⑤　活動の精度が上がり、生きていくのに必要な能力を習得する

このようなステップを経て身につけた能力は、一生ものになります。自転車の乗り方を一生忘れないのと同じです。たとえば、繰り返しハサミを使い、上手に使えるようになったら、使い方を忘れることはありません。また、それが手先の器用さにつながり、思わぬ才能を発揮することにつながる可能性もあるのです。

蝶結びができない子が増えています。3歳くらいから、楽しみながら取り組めるといいですね（蝶結びのトレーニングは137ページ）。

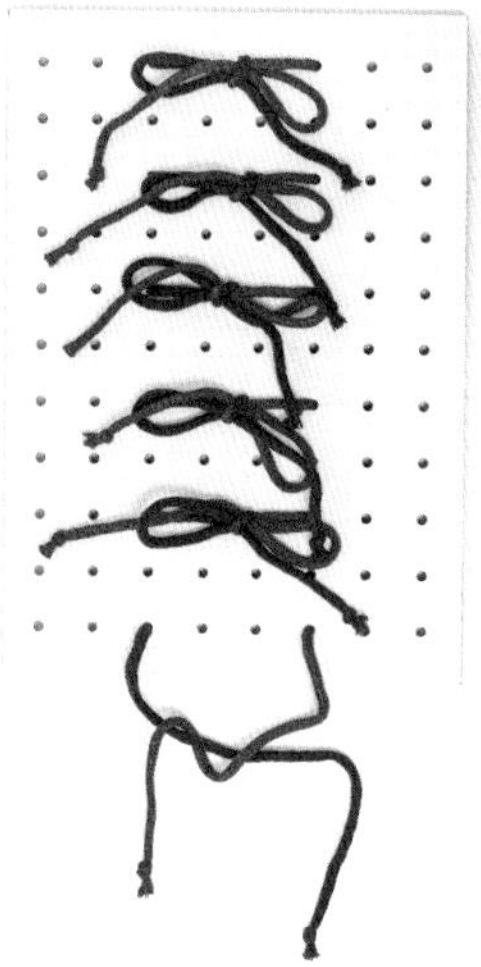

紐の色を変えると、子どももわかりやすく、親も説明しやすくなります。紐の端は結んで、ボードから抜けないようにしましょう

## ❻ 自己選択力と自己肯定感が育ち、挑戦する心が生まれる

**「自分で選んで、自分でできた」**ということが、自己肯定感につながります。

幼少期から小さな成功体験を積み重ねることで「俺ってけっこうイケてるな！」とか「私って、なかなかやるじゃない？」といった心を育てることです。それは、親などに強制的にさせられたことでは育ちません。自分で選んだ活動を自分でやり遂げた、上手になれた、それで初めて次の新しいことにチャレンジしようという「挑戦する心」がわいてくるのです。そうやって、また新たな「興味・関心」を探し始める――とつながってゆくのが、「正しい成長のサイクル」なのです。

**スキルが　スキルをもたらす！**

**能力が　能力を育てる！**

**自信が　自信を生む！**

このサイクルさえきちんと回っていれば、子どもは自然に成長していくのです。

COLUMN

## 分解する体験

私たちの幼少時代には、壊すものがたくさんありました。古い時計、壊れたテレビ、捨てられた自転車など。いったい中はどうなっているのか。ひっくり返して、ドライバーやスパナを使って分解し、「なるほど、こんな構造になっているんだ!」と、納得する体験がたくさんありました。

私はそうした体験があるからこそ、壊れた家電や家具などはほとんど修理することができるようになりました。

しかし、昨今の電化製品は複雑化、極小化するあまり、分解しても構造がわかりません。「なるほど、そうだったのか!」といった、納得体験が得づらい社会になりつつあるのです。

そうした視点からすると、モンテッソーリの教具はとてもシンプルで原理原則が理解できる、納得体験の宝庫です。

ご家庭でも、不要になったおもちゃや、捨ててしまうダンボール箱など、子どもに分解する機会を与えてあげると、原理原則を追求したいというお子さんの欲求を引き出し、思わぬ力を発見することができるかもしれません。

COLUMN

# 挑戦にも準備が必要

箸や蝶々結び、ぜひとも使えるようになってほしい、できるようになってほしい。しかし、焦りは禁物です。子どもの「挑戦したい！」という気持ちを、くじくことがないように、スモールステップで次へと進みましょう。

### 箸へのステップ

| 手で握る | 道具でうつす | トングではさむ | 小さいモノをうつす | 箸を使う |
|---|---|---|---|---|
| 手でうつす → | スプーンでうつす → | トングでうつす → | ピンセットでうつす → | 箸でうつす |
| | スプーンですくう | 種類をわけてうつす | | |

### ●箸のトレーニング

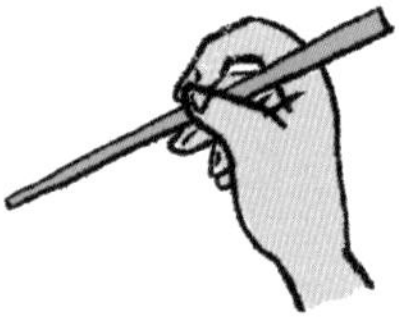

1 右手で、箸1本の真ん中より少し上を、鉛筆を持つように持ち、親指、人差し指、中指の3本の指を使って、自由に箸を動かしてみます。

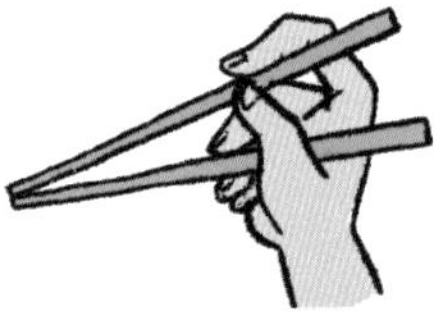

2 もう1本の箸を、親指のつけ根から差しこみ、中指と薬指の間をとおします。

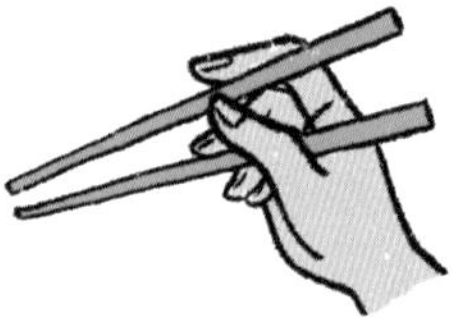

3 2で差しこんだ箸は、親指のつけ根と薬指の第一関節のあたりで固定します。

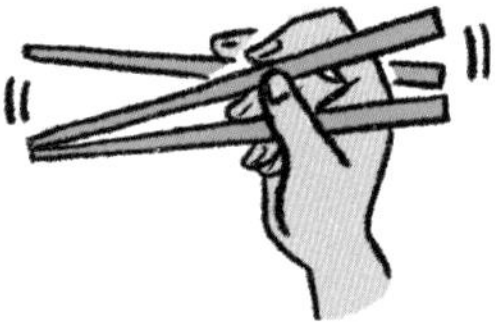

4 最初に持った箸を1と同じように動かし、3の固定している箸と合わせます。ここまでできたら、何かつまんでみましょう。

## 蝶結びのステップ

| 両はじをとめる | 動きのコントロール | ボタンでとめる | 結んでとめる |
| --- | --- | --- | --- |
| マジックテープ → | バックル<br>スナップ → | ボタン → | 三つ編み<br>蝶結び |

### ●蝶結びのトレーニング

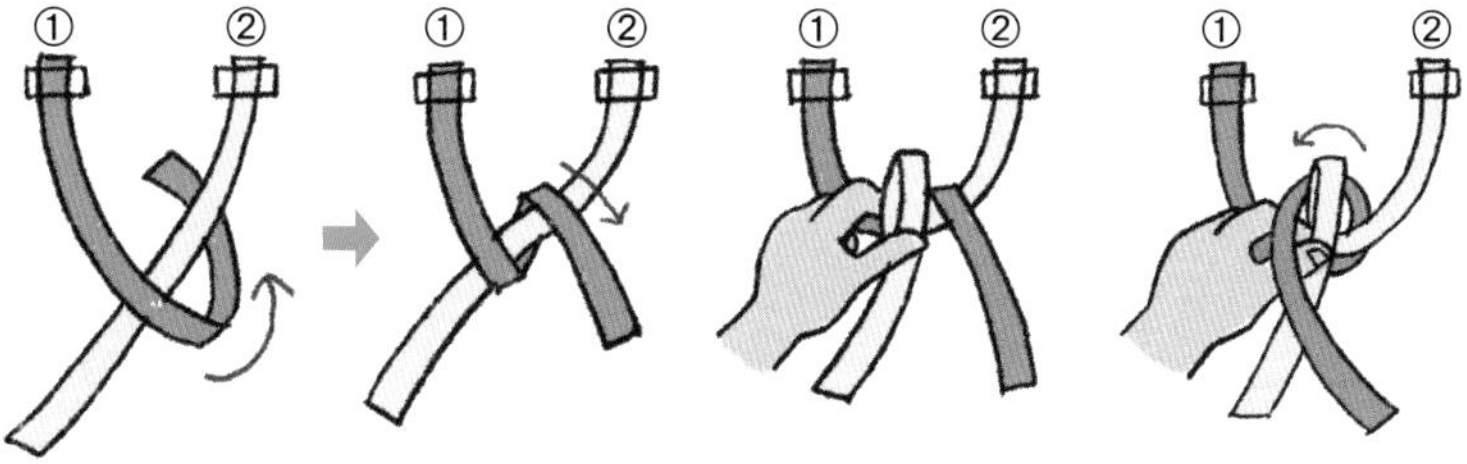


1 ①のひもを②のひもに下側からくぐらせる。

2 左手に持った②のひもを輪にして立て、根元を持つ。

3 ②のひもを輪の上にかぶせる。

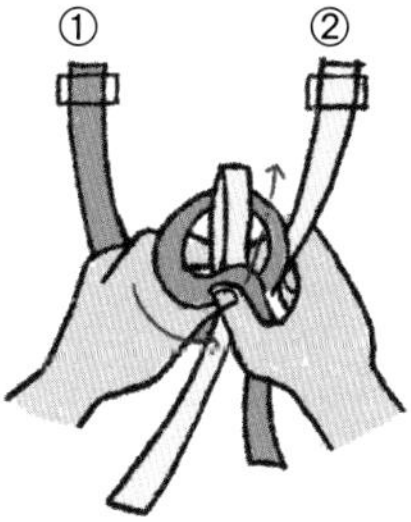


4 かぶせたひもを輪の中に押し入れる。

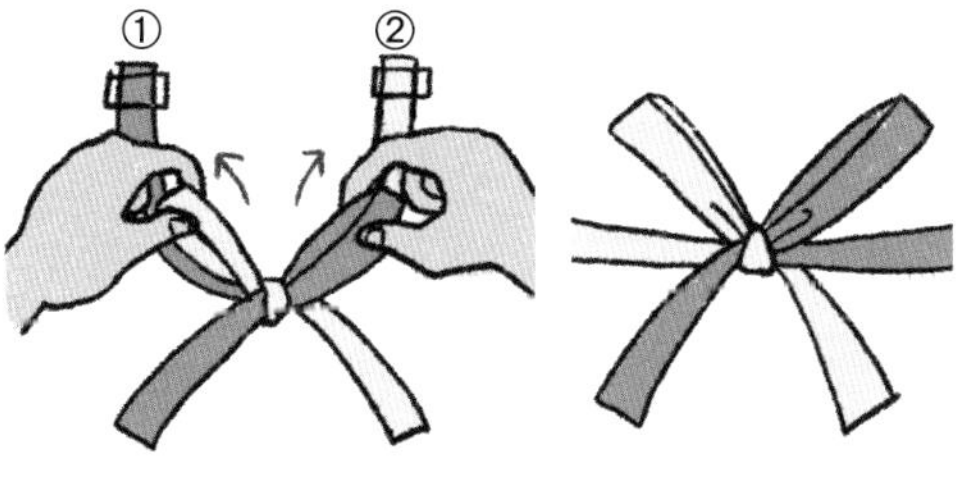


5 両方の輪を引いて、結び目がほどけないようにしたら、完成。

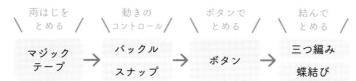

## わが子の成長のサイクルを邪魔する親の行動とは？

成長のサイクルが正常に回っていれば、子どもは自然に成長していくのですが、サイクルの流れが滞っているケースが多くありますので注意してください。それが、次の「間違った成長のサイクル」です。

**①興味・関心を持てない**　興味・関心を喚起するものがまわりにない

**②自分で選択できない**　先回りして与えられた活動だけをさせられる

**③集中できない**　中断される。違うものを与えられる。代わりに大人がやってしまう

**④不満足感・未達成感**　満足を感じられない「自分でできた」と感じられない

**⑤様々な能力を習得できない**　自分が生きていくのに必要な能力が習得できない

**⑥自己選択力がない・自己肯定感が低い・挑戦する心が持てない**　次のサイクルに進むことができない

## 知っておきたい間違った成長のサイクル

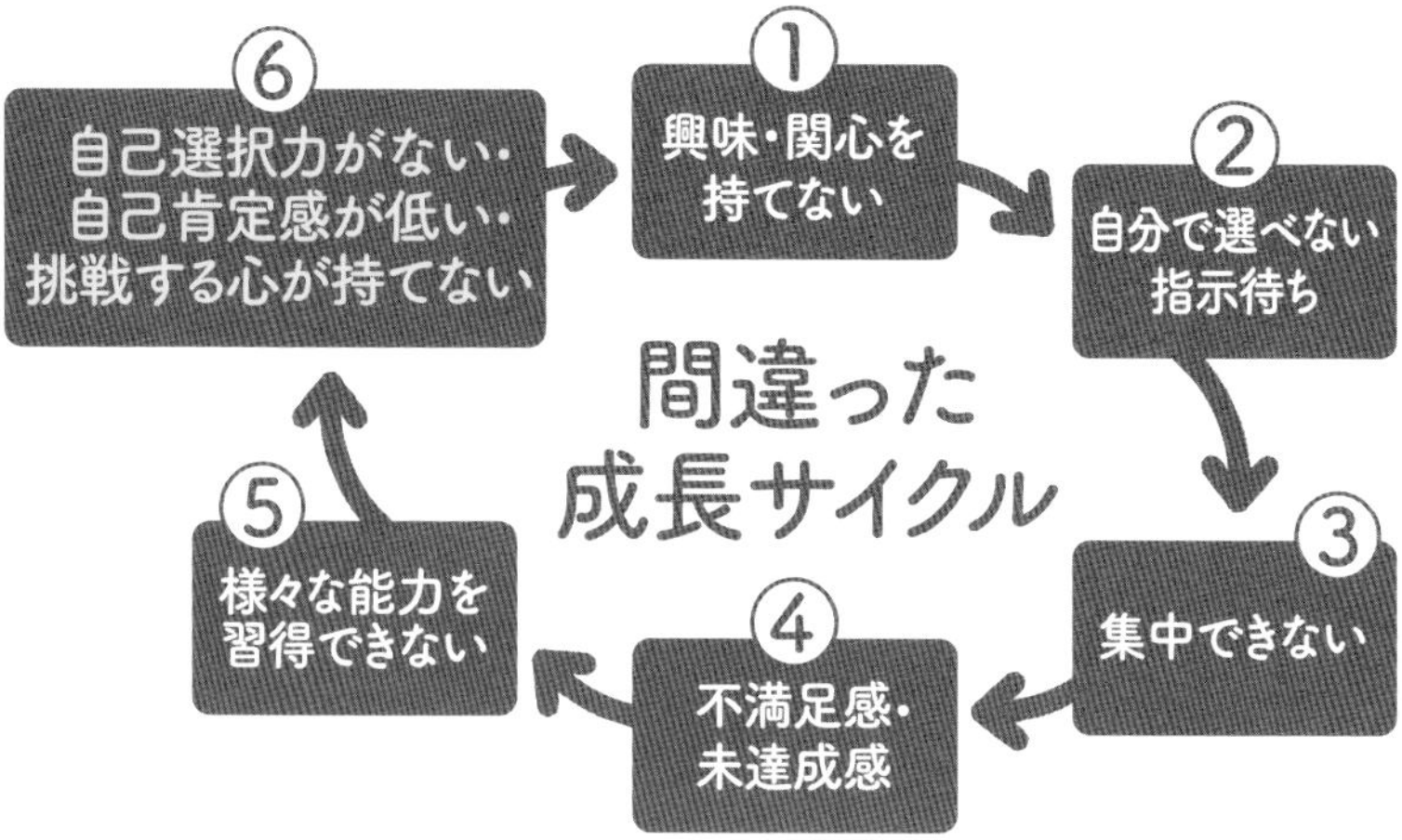


例 ① 何すればいいんだろう……

② ママ（パパ）がいつも選んでくれるから待っていよう

③ 今日はパズルか～。これは難しいな……。
あ、ママ（パパ）がやっちゃった……

④ なんだか楽しくないな～

⑤ でも困ったらママ（パパ）が助けてくれる！

⑥ 今日は何をして遊ぶのかな～

# 自分で選択できない子に育つサイクルとは？

一番の障害が、親やまわりの大人だということがわかりますね。それもたいてい、よかれと思ってやっていることが結果として邪魔をしているのです。

たとえば、**「興味・関心を持てない」**のは、部屋がきれいに片づけられてしまっているからかもしれません。あるいは逆に、雑然とものが置かれていて、子どもが何を選択していいかわからない状態になっていることもあります。

「こっちのほうが役に立ちそうだからやらせよう」「一緒にやってあげよう」「できないから代わりにやってあげよう」これもいけません。子どもが**「自分で選択できない」「集中できない」**状態です。「はい、これをやりなさい」「次はこれですよ」と親がすべて選択してしまうのは、もっといけません。これが続くと、何も自分で選べない「指示待ちの人間」に育ってしまいます。

また、子どもの欲求によく気がついて、先回りしてしまうママも要注意です。子どもが何か取ろうとすると、ママが察して「これ?」「今度はこれ?」。そうすると子どもは、「うん」と「ううん」しか言わなくなります。そしてそのうち、親の手を使うようになってきます。親の手をとって、「これをやれ」と言うのです。

**「クレーン現象」**と呼ばれるもので、こういう子どもも増えてきています。自分で選ばなければならない時期に自分で選ばせない、先回りして代行してしまうということは、厳しい言い方ですが、広義の意味においての虐待ともいえるのです。

自分の活動を自分で選ばなければ、それに集中することはできません。興味のないことをさせられている場合は、なおさらです。繰り返さなければスキルも身につきませんから、満足を感じたり、達成感を味わったりすることができません。もちろん自己肯定感も育ちません。自分自身も興味がないので、次の段階の新しいことにも手を出しません。そうすると、成長のサイクルは回っていきません。いやいや言われるままに、言われたことをし続けることになります。

一度、家庭での大人の対応の仕方を、「成長のサイクル」に当てはめて振り返ってみましょう。よかれと思ってさせた活動が、子どもを間違った成長サイクルへと引っ張ることになってはいないでしょうか。

## 親が注意したい大人の5つの行動

私はこれまで2000組以上のご家族の個別相談に応じてきました。親がよかれと思ってとった行動が、結果的にわが子のためにならない注意点をまとめておきます。ぜひ、普段のお子さんとのかかわり方を振り返りながら確認してみてください。

**①大人が「せきたてる」**

子どもが自分のペースでやりかけているのに、大人のペースで「速く、速く」とせかす。子どものペースは大人の8倍ゆっくりだということを思い出してください。

**②大人が「先回り」する**

子どもが自ら「やろう」と動き出す前に、大人が先回りしてやってしまう。これを繰り返すと、大人がしてくれるのを待つようになってしまいます。

**③大人が「中断する」**

子どもが集中しているのに、「もう、それはいいから他の活動をしなさい」「時間だから次の活動です」と、大人の都合で中断を強いたりします。これが繰り返されると、「どうせやめさせられるから」「どうせ、他のことをさせられてしまうから」と、一つのことに集中し、突き詰めていこうという意欲がなくなります。お稽古、塾の過密スケジュールからくる、「連れ回し」に多い傾向です。

**④大人が「代行」する**

「それはあぶないから」「たいへんだから」「あなたにはまだ無理だから」「ママがやったほうがきれいにできるから」など、様々な理由で大人が代わりにやってしまうことを**代行**といいます。子どもは大切な敏感期に成長のチャンスを失い、自らやろうとする意欲も奪われてしまいます。

**⑤大人が「ほったらかす」**

「何でもしていいよ」と言われてほったらかされ、何も教えられないと、子どもは何をしていいのかわからず、不安になってしまいます。自由を保障した上で見守ることと、放任するのとではまったく次元が違うのです。

## 「観察の日」を作ろう

成長のサイクルが正しく回っているかどうかをチェックするのには、**「観察の日」**を定期的に設けることです。「観察の日」とは、今日一日だけは手も口も出さず、子どもを見てみよう、観察しようという日です。

じっくり観察できれば、現在の子どもの発達段階がわかり、何が障害になっているのかがよく見えてきます。

「この子は今こういうことに興味を持っているんだな」とか、「ここに邪魔するものがあるからできなかったんだな」といったことに気づきます。

親御さんは、忙しい日々の流れの中ではやはり手を出し、口を出してしまうのです。よって、2カ月に1回でもいいので、見るだけの日を作ってください。

くれぐれも、「何か悪いことをしないかしら」なんていう目で見ないこと。**観察は見張りではありません。**

「観察」も、親が子育ての予習をしてから観察すると、効果倍増です。「この年代の子はこういう行動を取るらしいけれど、はてさて、うちの子はどうなんだろう？」「敏感期というのは、どうやらホントみたいだ」など、新たな発見が必ずあり、お子さんを新鮮な目で見られるようになります。

## 成長のサイクルを加速させる「ほめ方」

モンテッソーリ教師は、過剰に子どもをほめることはありません。なぜなら、子どもは自分の成長の課題を本能的に知り、自分で選択し、自分のために行っているからです。子どもは**大人にほめられたくて、活動しているわけではありません**。無条件にほめることは、子どもに対して失礼だというのが、モンテッソーリ教育の考え方です。

そう、子どもは親からほめられることなど、期待してはいないのです。そもそも、「神様からの宿題」をこなしているわけですから、内心では「大人は何をあんなに騒いでいるのだろう……」と思っているかもしれません。

しかし最近は、ほめる子育てが主流になってきています。過剰に「ほめる」ことは、**「おだてる」**になってしまいます。おだては「またやってほしい」という、大人側の下心。親に下心があることを感じ取った子は、おだてられないとしない、大人の見ているときしかしないというふうに、態度を変えていきます。

親からほめられたいために勉強する子どもは、いったん成績が落ち始めると歯止めが利かない傾向があります。これは、自分からわき出る意欲がないからです。

## 相手を「認める」声かけを

では、どうすればよいのでしょうか？

大切なことは、**相手を「認める」こと**です。子どもは自分が成長するために、今、自分が何をすべきか知っています。自らそのものに興味を持ち、集中します。活動をし終えたときに、満足感に満ちた顔をするのはそのためです。この瞬間を見逃さないようにしましょう。そして、こんな声をかけてあげましょう。

**「見ていたよ、一人でできたね！」**

**「最後までがんばったね！」**

これは、子どもを認める言葉です。過剰な拍手も、歓声も不要。「あなたが自分で選んだ活動を、最後まで自分でできた。そのこと自体が素晴らしいことなんだよ」「いつでも、パパとママは君のがんばりを見ているよ」というメッセージをこめて、認める言葉を伝えてあげてください。

それは、子どもに対してではなく、一人の人間に対して「敬意をはらう」こと。結果だけにフォーカスするのではなく、そのプロセスを、感情をこめて認めることは、「おだてる」とはまったく別の次元のことです。

幼少時の「一人でできた」という小さな成功体験の積み重ねが、自己肯定感を育て、また新しい活動へのチャレンジをうながします。

## 「共感」し、一緒に喜ぶ

さらに成長サイクルの加速につながるのが、「共感」です。

「認める」の最上級が「共感」。つまり相手の人格を認めて、その心に寄り添うのです。

「一人でできたね！　嬉しいね」

「最後までがんばったね！　ママも嬉しい」

**共感の言葉は、サイクルの次のステップに行くための潤滑油になる**でしょう。

これが、「社会に対する肯定感」を育てる源にもなります。認められ、共感を受けて育った子どもは、必ず共感できる大人に育ちます。そして、人の心に寄り添える人間に育ってくれることでしょう。

## わが子を認め、「共感」する言葉が、わが子を伸ばす！

| | |
|---|---|
| 認める言葉 | ●見ていたよ。<br>●一人でできたね。<br>●最後までできたね。<br>●よくがんばったね。<br>●失敗しても、いいんだよ。<br>●今度は、きっとできるよ。 |
| 共感する言葉 | ●嬉しいね。<br>●ママ（パパ）も嬉しい。<br>●よかったね。<br>●がんばったんだね。<br>●見せてくれてありがとう。<br>●もう少しだったね。<br>●残念だったね。 |

## 子どもを伸ばす「叱り方」、2つのポイント

モンテッソーリ教育には「叱る」という概念はありません。しかし、私は叱ることが必要な場面もあると思っています。

子どもがこの先の人生を生きていく上で、「このことだけは、どうしても伝えておかなければならない」「この行動だけは、正しておかなければならない」といった価値観を真剣に伝えることが、「叱る」ことだと思います。

**叱るときには、「厳しく」叱ります。**

子どもはその大人の真剣さ、表情の険しさ、声の大きさを感じとることで、「これはしてはいけないことなんだな」と理解するからです。これを「**社会的参照**」といいます。まわりの大人の雰囲気を察して、社会のルールを認識していくということです。

たとえば、赤信号で飛び出したわが子を叱らなかったら、この先交通事故にあうか

もしれません。だから、親は必死になって厳しく叱るわけです。

いつもは優しいママが形相を変えて叱る姿を見て、「赤信号では止まらなくてはいけないいんだな」ということがわかります。そのようにして子どもは、社会の秩序やルールを積み上げていくのです。

## 叱るときには、「その場」で「短く」

また、**「その場で叱る」**ことも大事です。

子どもは今、この時を生きています。特に3歳までの子どもは、「意識的な記憶」ができないので、その場で叱らないと効果がありません。

家に帰ってきてから「○○ちゃん、さっき信号赤だったわよね」などと叱っても、子どもには何のことやらわかりません。ポカンとするだけです。子どもを叱るときは、まず何よりもタイミングを大切にしましょう。

そして、ダラダラと叱らず、**「短く叱る」**。

これも大事なポイントです。最近はきちんと理論立てて、さとすように叱る親が多いようです。

とはいえ、それが高じると子どもは「なんで？　なんでだめなの？」と屁理屈をこねるようになります。ときには「ダメなものはダメ！」と言うことも必要だと思います。何度言ってもわからないときは、**「根気よく叱る」**ことも大切です。わが子が先々困らないために叱るのですから、あきらめたら伝わりません。

## 夫婦で一貫性を持つことが大切

最後に、**夫婦間の善悪・価値観を統一することも大切**です。

ママとパパが違うことを言ったら、子どもは混乱してしまいます。夫婦は違った家庭環境で育ったわけですから、子育てに対する価値観や生活習慣でもめることは多々あると思います。ただ、ここは感情的にならず、わが子の人生を左右する戦略会議と割り切り、じっくり話し合って、価値観のすり合わせをしていただきたいと思います。

## 子どもの力を伸ばす叱り方

### 叱り方のポイント

- □ 厳しく！
- □ その場で！
- □ 短く！

「ダメなものは、ダメ」という態度もOK。

### こんな叱り方はNG

- □ ○○しないと、お化けがくるよ。
- □ ○○先生に怒られるよ。
- □ そんなことしたら～になるよ。

子どもだましの叱り方や、脅しは禁止。

# 第5章

# 子どもが成人するまでの「親の予習」

# 子どもはこうして育っていく！
# 6～12歳　児童期

さて、ここまで読まれて、0～6歳の乳幼児期が、どれほど重要かおわかりいただけたと思います。しかし、子どもはどんどん成長していきます。

本章では、6歳以降のこともご紹介していきます。

今一度、25ページの「発達の四段階」の図を見てください。これから、子育てという長い航海に出るにあたり、この「発達の四段階」を体系的に頭に入れておくことは、子どもの進んでいく方向を決める羅針盤を持つようなものだからです。

最後にもう一度、しっかりと予習しておきましょう。

## ◆6～12歳　児童期（小学校）

6歳から12歳はちょうど小学校の6年間にあたりますが、比較的穏やかな成長時期で、心身ともに安定しています。この時期の子どもは、膨大な量の記憶が可能で、かつ覚えたことを半永久的に忘れません。中学、高校で習ったことはほとんど忘れてしまったけれど、小学校で習ったことはしっかり覚えているのはそのためです。

ということは、**勉強するならこの時期！** パソコンにたとえれば、6歳までにハイスペックのハードディスクを作っておいて、6～12歳に膨大な情報を流しこむようなものです。中学受験を含め、この児童期に大いに学ぶことは、ある意味では、その成長に見合っているといえるのです。

## ギャングエイジにご用心

一方、メンタル面では小学校5、6年生の頃に「**ギャングエイジ**」という注意しなければならない時期に突入します。それまでは家が近所であったり、親同士の仲がいいといった物理的な理由によって友達関係ができていたのですが、この時期からは価値観の合う同性・同年代の友達を集めてグループを作るようになります。

女の子は似通った嗜好の子と一緒にいるのが楽しくなり、友達関係を一新することも多くあります。男の子も趣味や話の合うヤツ、おもしろいヤツと組むようになります。よく、自転車で商店街を走り抜けているのはだいたいこの年代ですね。

いつもグループ単位で遊び、行動するようになりますが、この集団行動をギャングにたとえて「ギャングエイジ」と名づけたわけです。メンバーだけの秘密を持ち、結束は固く、グループ外には閉鎖的、排他的な行動をとることもあります。仲間はずし、イジメなどが始まるのはこうした背景があるのです。

少し古いですが、映画『スタンド・バイ・ミー』がまさしくこの時期。仲間同士で秘密を持ち、共有することを大事にします。大将がいてサブがいてと、グループでは役割分担が決まってきます。そうした人間関係の中で、人生の荒波に向かうための練習をしている期間ともいえます。

## 「家族第一」から、「お友達第一」へ

女の子の場合、それまではパパのことが大好きで、家族が第一だったのに、急に「お友達が一番!」に変わってしまいます。「今まであんなにいい子だったのに……」とショックを受けるパパも多いと思いますが、これは自立、親離れの準備であり、社

会に出るための予行練習と考えてください。

多かれ少なかれ、この時期のすべての子どもに起こることです。これが自立の始まりであり、わが子も思春期の入り口に来たんだな、と覚悟する必要があります。

注意すべきは、中学受験に向けて、学習塾に通い始めるのがこの時期である、ということです。仲のいい遊び仲間から引き離して、一人だけ塾へ通わせようとすると、とても強い反抗を見せることもあるので、要注意です。しかし首都圏では逆に、仲のいい友達が学習塾に通い始めたから、「私も塾に行って中学受験するんだ！」と、言い出すパターンも増えてきています。

中学受験に塾通いはつきものです。プリントの整理から送り迎え、お弁当作りまで両親の献身的なフォローがなくては成り立たないのも事実です。夜10時を過ぎて帰宅するハードスケジュールを支えていると、つい「あなたは勉強だけしていればいいのよ」などと言って、身のまわりのことすべてをしてしまう、ということも起こりがちです。合格後に、「自分でしなさい」「少しは家の手伝いでもしたら」と言っても、それまですべてをやってもらっていた子どもにとっては、無理な話です。忙しい塾通いの中でも、**身のまわりのことは自分でできるように習慣づけることが大切**です。

# 子どもはこうして育っていく！12歳〜18歳　思春期

## ◆12〜18歳　思春期（中学・高校）

12歳から18歳の中学高校時代は「**思春期**」。変化のとても激しい時期です。

骨格の目覚ましい成長とは裏腹に、その内面は「生まれたて」と称されるほど弱くてナイーブです。身体的にも女性は初潮、男性は夢精など大きな変化を迎えますし、結核などの大病をするのもこの時期です。「子どもは年齢を重ねるにつれて、心身ともに丈夫になる」と私たち大人は考えがちですが、この時期の子どもたちはあたかも、「脱皮したてのカニ」のような危うい状態なのです。

精神は改めて自分自身を見つめ直す方向に向き、他人が自分をどう見るかということがとても気になる年代です。ですから、友達から浮くことをとても恐れます。

自分の目指す理想と現実のギャップに思い悩み、親をはじめとする権力への反抗にむかうエネルギーも強くなります。そのエネルギーが非行を引き起こしたり、家庭内暴力や引きこもりという形になったりして出てくるわけです。

## 子どもの変化を受け入れる

しかし、こうした変化が子どもの中に起きていることを親が知らないと、小学生の時期と同じアプローチを試みてしまいます。そのため、子どもの反発にあったとき、「今まであんなにいい子だったのに」「人が変わったようだ」としか思えなくなってしまうのです。年齢を経るごとに、親の影響力は低くなっていくことを肝に銘じておくべきです。それに取って代わるのは友人、先輩、教師、塾の先生などです。

また、この時期になると、**個性や性格というものがはっきりしてきます**。親にとっては「自分の時代とずいぶん違うなぁ」と感じることも多くなるでしょう。そして「親が思うようないい子」には育たないものだと、強く感じるようになります。

ときにはお子さんが学校や、集団になじめないこともあると思います。ただ私は、これからの子どもは、集団の中で「いい子」で埋没する同調性より、集団の中で独自の発想をしたり、一人でも行動できる能力のほうが大切だと考えています。

よく「うちの子は好きなことしかしなくて困ります」という親御さんがいます。日本の文化の中では調和を強要されますので、かたよることには悪いイメージがあるからです。

しかし、**「かたよる」ことは素晴らしいこと**です。何かに強烈にかたよった人物こそが、世の中を変えるような発明や活動をしているのです。

不安定な思春期はみなが通る道です。そして必ず終わりがあります。思春期のお子さんをもつ親御さんにとって大切なのは、子どもの特性を認めて静かに見守ること。自分の思った通りにならないからと、口を出しすぎないことが大切です。

ただ、モンテッソーリ教育の「正しい成長のサイクル」を心がけて子育てをしてきた親御さんなら、それほど心配することはありません。同じようにお子さんを観察し、自分で選択させ、自己肯定感を育みながら挑戦し続けることができるようにサポートしてください。

自己選択は、学校選びなどの場面でも現れてきます。そのときにどれだけ、お子さんのやりたい気持ちを尊重できるか。このあたりも、親が試される部分かもしれません。

## 12〜18歳はこんな時期！

- 身体の成長とは裏腹に内面は繊細でナイーブ
- 自分自身を見つめ直し、他人の目が気になる
- 理想と現実のギャップに悩み、反抗心も

↓

**まわりと同じである必要はない。**
**わが子を観察して、その子の個性を認め、**
**静かに見守る！**

## 子どもはこうして育っていく！ 18歳〜24歳　青年期

### ◆18〜24歳　青年期（大学・社会人）

18歳になると青年期がやってきます。思春期のモヤモヤが嘘のように晴れ、将来なりたい職業や、自分自身の使命に向けて学び、働く6年間を経て、人間として完成するのです。

親に対してあんなに反抗していた子どもと、対等に話し合えるようになるのもこの時期です。私の子どもたちも、反抗的だった中高時代が嘘のようにカラッとしていて、今では「お父さん、がんばってね」なんて言ってくれますが、「激しい思春期があったからなのかな？」と思っています。

思春期にもがき苦しみ、その時期を過ぎることで、**自らを獲得して自立し、今度は自分が社会に貢献していこうと変化する**。青年期はさなぎから蝶になって羽ばたく段階で、世に出ていくための大切な時期です。この時期をきちんと迎えるためには、前の段階をしっかりと充実して過ごすことが大事なのです。思春期にいい子ちゃんで、親の言いなりで通り過ぎてしまうと、この青年期になっても自立できない大人ができ上がってしまいます。きれいな蝶になるためには、充実した青虫の時期や、周囲の大人が見守ることが大切な、さなぎの時期が必要なのです。

## 子離れの準備を

また、現代社会においては、親が子離れできないという問題も多くなってきています。子どもは潜在的に、親の期待に応えようとするものです。子どもに頼られることで、親が自分の存在価値を見出していては、子どもはいつまでも自立するタイミングを失ってしまいます。

キタキツネの母親は適切な時期がくると、子ギツネを恫喝《どうかつ》して巣に居づらくして、巣立ちをうながすそうです。厳しい自然界における自立に向けてのシンプルな子育てを、私ども人間も学ばなくてはいけないのかもしれません。

# 子育てのバイブル「モンテッソーリ教師の心得12条」

私どもモンテッソーリ教師が卒業証書と共にいただく大切なものに、「モンテッソーリ教師の心得12条」というものがあります。

モンテッソーリが現場での教師の指針として残したもので、私も額に入れて子育てサロンの一番目立つところに掲げています。日本で一般にいわれている先生とは違う存在であることがはっきりわかると思います。

「ホームメイド・モンテッソーリ」は、皆さまのような親御さんがモンテッソーリ教師になることを目的としているわけではありません。

しかし、親としてわが子を見守るスタンスとして、非常に学ぶことがあるのでお伝えします。

**❶ 環境を整備しなさい**

教師の最も重要な仕事が「環境の整備」である。何かを教えこんだり、導いたりすることではなく、子どもの自主性を信じ、成長に合った環境を準備することがモンテッソーリ教育の神髄であることがよくわかります。

**「子どもは本来自分の中に自分を育てる力を持っていて、適切な時期に、適切な環境が与えられれば、自分で成長していく」**、これがモンテッソーリ教育の原点なのです。

**❷ 教具・教材をはっきり正確に提示する**

子どもが活動を選んだときに、使い方がわかるように、言葉だけで伝えるのではなく、正確なやり方を、順序よく、ゆっくり見せてあげる。

**❸ 子どもが環境と交流を持ち始めるまでは積極的に、交流が始まったら消極的に接する**

子どもが環境と関わるきっかけが持てるように活動に誘う。ただし、活動が始まったら集中の邪魔をしないように、距離を置き、見守る。

**❹ものを探している子どもや、助けが必要な子どもの忍耐の限界を見守る**

自分が何に集中したらよいか迷っている子どもや、支えが必要な子どもを注意深く観察し、援助を提案する適切な時期を待つ。

**❺呼ばれたらすぐに駆けつけ、言葉をかわす**

子どもから求められたら必ずそこに行き、言い分を聞く。

**❻子どもに誘われたときは、求めていることをよく聞く**

言葉を聞くだけでなく、子どもを観察することを通して、言葉にならない要求や、うまくいかない部分を読み取る。

**❼仕事をしている子どもを尊重し、妨げたり、話しかけたりしない**

子どもが集中して活動をしている瞬間が一番大切だと理解し、決してたずねたり、中断させたり、妨げたりしない。

**❽間違いはあからさまに訂正しない**

すぐに叱ったり、過ちを指摘しない。繰り返し活動をする中で、自ら過ちに気づくのを待つ。過ちを乗り越えるのに必要な最低限の援助をする。

**❾休憩している子どもには、無理に仕事をさせない**

休憩していたり、他の子の作業を見ているときは、そのままにしておく。注意したり、無理に活動をさせない。

**❿作業を拒否する子どもや理解しない子どもは、忍耐強く誘い続ける**

一度誘ってみて拒否しても「じゃあ、また今度やりましょうね」と言い、後日また誘ってみる。

**⓫教師は自分を探す子どもに存在を感じさせ、見出した子どもからは身を隠す**

「いつでもあなたのことを見ていますよ」という存在を感じ、安心して活動に集中できるように心がける。安心したら上手に距離をとり、見守る。

## ⑫ 教師は仕事を終えた子どものところに姿をあらわし、自らの精神を静かに贈る

活動中は距離を置き、活動が完了したころを見計らって、一人で最後まで頑張ったことを認める。

いかがですか？

教室の前で、黒板に書いた文字を、生徒に書きとらせる日本の教師のスタンスとずいぶん違うことがおわかりいただけたと思います。

その根底には、教師と生徒、親と子ども、という上下の関係ではなく、一人の人間として敬意をもって接する姿勢が感じられると思います。

そして、いかに「子どもが集中している状態」を大切にしているかが現れています。とかく親は、目の前にいて、頑張っている子どもに励ましの声をかけ、行き詰まったら代わりにやってあげ、できたら、拍手をして賞賛してしまいがちです。

そのような、「よかれと思って」親がやってきたことが、すべて集中の邪魔であっ

たことに気づかされます。

ホームメイド・モンテッソーリにおいて、一番大切なことは、私ども親のスタンスをしっかりと持つことです。

ぜひ、ご自分なりに解釈して、共感できる部分から採り入れていただきたいと思います。

おわりに

## 「子育ては世育て」——思いやりの心で平和な未来をつくる

人類みなが、「平和」を望んでいます。しかし、その平和とは、戦いの先にあるものなのでしょうか？　戦争がない状況を平和と呼ぶのでしょうか？

平和は、本来、人それぞれの心の中にあるものだと思います。心の中に「自分を思いやる心」と「人を思いやる心」がバランスよく存在し、そのような心を持つ人々が集うことこそが、本当の平和を生むのではないでしょうか。

では、そうした「自己に対する肯定感」と、「社会に対する肯定感」はいつ育つのか？　それは、間違いなく、幼少期の豊かな実体験から生まれてくるのです。

私たち大人が、子どもたちの成長を「予習」することで、子どもたちに豊かな環境を準備すれば、子どもたちは「成長のサイクル」に乗り、「本当の力」を発揮して、自ら成長していきます。そして、子どもたちは自己肯定感と社会に対する肯定感を育み、平和の礎《いしずえ》を築いていきます。

「**子育てこそが、世を育てていく唯一の方法**」なのです。

マリア・モンテッソーリはこう言っています。

「母親はひざの上で、国家の運命を左右する」

この書も、その一助になればと願っております。

藤崎　達宏

QRコードからメルマガ登録で、無料講演会のご案内を差し上げます

図解《ずかい》でよくわかる
子《こ》どもの本当《ほんとう》の力《ちから》を引《ひ》き出《だ》すモンテッソーリ教育《きょういく》

著　者――藤崎達宏（ふじさき・たつひろ）
発行者――押鐘太陽
発行所――株式会社三笠書房
〒102-0072 東京都千代田区飯田橋3-3-1
電話：(03)5226-5734（営業部）
：(03)5226-5731（編集部）
https://www.mikasashobo.co.jp
印　刷――誠宏印刷
製　本――若林製本工場

編集責任者　本田裕子
ISBN978-4-8379-2930-7 C0030